URBAN RENEWAL
THEORY AND
OPERATIONAL PRACTICE

城市更新
理论与操作实践

曲 建 罗 宇 刘 祥◎主编

中国经济出版社
CHINA ECONOMIC PUBLISHING HOUSE
北 京

图书在版编目（CIP）数据

城市更新理论与操作实践／曲建，罗宇，刘祥主编.
—北京：中国经济出版社，2019.6（2024.1重印）
ISBN 978-7-5136-2341-4
Ⅰ.①城… Ⅱ.①曲…②罗…③刘… Ⅲ.①城市更新发展战略—研究 Ⅳ.①F291.1

中国版本图书馆 CIP 数据核字（2019）第 009894 号

责任编辑 赵静宜
责任印制 巢新强
封面设计 久品轩

出版发行 中国经济出版社
印 刷 者 三河市同力彩印有限公司
经 销 者 各地新华书店
开　　本 710mm×1000mm 1/16
印　　张 10
字　　数 140 千字
版　　次 2019 年 6 月第 1 版
印　　次 2024 年 1 月第 2 次
定　　价 48.00 元
广告经营许可证 京西工商广字第 8179 号

中国经济出版社 **网址** www.economyph.com **社址** 北京市西城区百万庄北街 3 号 **邮编** 100037

本版图书如存在印装质量问题，请与本社发行中心联系调换（联系电话：010-68330607）

编写委员会

主　　编：曲　建　罗　宇　刘　祥

编　　委：刘容欣　范道安　舒宏华　宋方涛

杨　琦　黄向雷　肖　巍　熊闵婕

陈雯璐　刘斯宇　于　翔　陈志毅

郭　毅　曲学禹　刘杨依依（排名不分先后）

主编单位：中国（深圳）综合开发研究院

合一城市更新集团

深圳城市更新本质上是一场跨周期投资

合一城市更新集团董事　总经理　罗　宇

深圳，短短40年间，从一个南方小渔村发展到人口超过2000万的全国经济中心城市。经济高速发展的背后，土地供应、空间发展难以为继，是深圳面临的重要困境，土地供应如何由增量扩张转向存量开发是其重要课题。城市的二次开发离不开对城中村的改造，更离不开城市更新和土地整备两大重要途径。寸土寸金的深圳，房屋推倒重来是一次重要的财富再分配过程，开发商、原居民、政府各有所获。因此，介入推倒重来的“城市更新”，深圳普通人、地产商趋之若鹜。

深圳城市更新的四大主要对象是城中村、旧工业区、商业区和旧住宅区，其中最核心的部分是城中村和旧工业区。2017年深圳城中村普查数据显示：原特区（罗湖、福田、南山、盐田）大概有90个行政村，110个自然村；原特区外（现在的宝安、龙岗、龙华、光明、大鹏、坪山）共有246个行政村，934个自然村。深圳城中村总占地面积约321平方公里，生态线大概28平方公里。

建设用地面积占全市规模31%；总建筑面积约450平方公里，占全市已建成建筑面积的43%；已列入计划、但还没有签订土地出让合同的面积约24.2平方公里，土地整备约36.6平方公里，棚户区改造约0.3公里，加起来一共约61.1平方公里。城中村居住人口大约在1191~1231万，取中间值约1200万，占深圳总人口60%以上。城中村聚集的规模以上工业企业约占全市24%，实现营业收入占比约14%。

深圳土地目前存在新二元结构，通俗来讲即“国有化的地，原村民的房”。为了解决这一问题，深圳自2004年开始启动旧改进程。2004—2008年为第一个阶段，我们定义为探索阶段。2004年，《深圳市城中村（旧村）改造暂行规定》正式发布，拉开了深圳城中村改造的序幕，2007年开始旧工业区改造升级。2009—2014年为第二个阶段，我们定义为发展阶段。2009年11月，广东省发布首个“三旧改造”政策，即《广东省人民政府〈关于推进“三旧”改造促进节约集约用地的若干意见〉》，深圳城市更新迎来新的政策机遇。当年12月1日，《深圳市城市更新办法》正式发布，深圳从第一阶段的旧改开始转向城市更新，深圳也由此成为中国大陆第一个发布城市更新办法的城市。2015年至今为第三个阶段，我们定义为变革阶段。在这一变革阶段内，深圳城市更新具有五个方面的趋势和特征：

1. 强区放权

2015年改革以前，原来的审批权力更多集中在市规土委，改革之后，这个权力下放到区里面。以罗湖区为例，2015年试点强区放权后，审批环节从25个转变成了12个，审批时间压缩了2/3。2016年，市政府发布《深圳市人民政府关于施行城市更新工作改革的决定》，正式把城市更新的强区放权作为制度下发，并写入同年修订的《深圳市城市更新办法》里面。从2016年12月开始，各区纷纷制定了本辖区的城市更新实施办法。

2. 规划统筹

自2009年开始，深圳城市更新虽然推动较快、立项项目多，但却是很典型的碎片化更新，导致政府难以修建大型城市基础设施与教育、医疗等公共服务设施。2015年后，各区都要求对旧改片区进行统筹考虑和规划，以建设大型基础设施或实现更大的公共利益。

3. 人才安居

深圳市城市更新“十三五”规划提出，规划期内力争通过城市更新配建650万平方米、13万套人才住房和保障房。2016年市政府发布的《关于完善住房保障体系促进房地产市场平稳健康发展的意见》里面也提出，“十三五”期间全市筹集建设40万套、有效供应35万套人才安居和保障性住房，城市更新是其中一个重要的供应渠道。2017年发布的《关于加强和改进城市更新实施工作的暂行措施》更是明确提出，提高城市更新项目的人才住房、保障性住房配建比例，以及城市更新项目中15%~20%的商务公寓建成后移交政府，作为人才公寓。

4. 产业驱动

即严格控制工改商和工改居，鼓励发展工改工。这个政策出台后，我们统计发现，2017年年底，深圳城市更新项目里工改工的占比在17%左右，2017年整年的工改工的占比是32%，2018年上半年的工改工占比达到了50%。可以看到的是，工改工的占比全面提升。这也表明了政府希望通过城市更新将一些重要的产业项目落地到深圳。这一点从一些重要的政策要求上也可以看出，比如现在各区在审批工改工项目时，明确要求要有能落地的产业项目，并通过监管的方式确保产业落地。

5. 强化监管

核心体现在对于城中村村企合作的监管，2016年8月31日后，深圳的集体资产交易进入了强管制的时代，所有符合规定的、集体资产占比在20%以上的集体土地、城市更新项目，基本上都要求进入集体资产平台上交易，从而保障村民以及村集体的利益。

城市更新的投资和开发，需要经过几个主要流程：一是计划立项，二是专项规划审批，三是拆迁完成、确定实施主体，四是拆除建筑物、产权注销、补缴地价、签订土地出让合同。到此，旧改的一级开发就完成了，开始进入到建设、销售的二级开发。

1. 计划立项

原来的很多项目符合规定后马上能够申报立项，但现在很多项目需要经过完善之后才能达到申报标准，比如说有一些项目必须要综合考虑权属的问题，合法比例要求达到现在法定的60%的要求。此外，一个单元的范围和拆除范围也要达到合理的范围划定。原来很多旧改项目只考虑自己的部分，但是在规划统筹的大背景下，很多项目在划定范围时可能会把周边的一些其他项目涵盖进来，一起申报。

下一步工作是意愿征集。意愿征集简单理解就是业主们同意委托给开发商做旧改申报，但要求意愿须达到双2/3：如果是单一地块，须获得拥有建筑面积2/3以上的业主同意，且业主数量在2/3以上；如果是多地块，须获得4/5地块以上的业主同意；如果旧改项目里包含零散旧小区，还要求零散小区的所有业主均同意。意愿征集完成后，开始编制申报材料，如三图三表一书、导入产业项目的产业发展规划等，推动整个工改工项目的审批，其后进入旧改申报的进程。

2018年深圳市更新局出台了新政策，要求全市执行同一个申报审批路径。大致程序是：一般由区的更新局进行初审，进而发文给区各个部门联合审查，提出意见，包括区规划国土管理局、教育局、交通部门、产业部门等，再组织城市更新意愿公示，征询公众的意见。如果这两个流程都通过了，就上报到各区的领导小组会议审批，安排计划草案公示，并公布公众意见，与公众进行沟通协调，取得大家的认可。通过之后就会纳入到城市更新单元的计划公告里，这时，项目的计划立项就算完成了。

2. 专项规划审批

计划立项通过后，进入土地建筑物的信息核查阶段，并处置一些出现历史问题的土地，开始编制城市更新单元专项规划，提交给政府审批。经过一系列的审批过程，政府会安排城市更新单元规划草案进行公示，并协调公众的意见。

3. 拆迁完成和实施主体的确认

规划通过后，就会进入到拆迁和实施主体确认环节。按照目前政策的要求，必须达到100%业主同意搬迁安置补偿协议才能够实行拆迁。拆迁完成之后，开始确认实施主体，同时签署一系列的监管协议，如产业监管协议、移交给政府的设施用房的监管协议等。

4. 用地手续的办理

对一些存在债务的厂房、商业办公楼，取得其债权，并解决清租的问题，才能把建筑拆除、注销产权。进行用地审查后取得建设用地规划许可证，补交地价，签订新的土地出让合同。这时候城市更新的一级开发环节才终于完成了。

根据最新统计，目前深圳城市更新项目立项747个，已经批了规划的大概451个，取得实施主体的191个，实施率大概是25. 5%。立项项目多，但实施率较低，是深圳城市更新当前面临的严峻现状之一。

我们对已经完成土地出让的城市更新项目进行回归分析发现，一个旧改项目，从意愿公示到计划申报完成，可能需要0. 8年左右；等规划审批完成，大概需要2. 5年；到完成拆迁和实施主体确认，需要4. 5年；到用地审批完成可以出地，平均需要5. 5年。这还不包括意愿公示以前的计划申报筹备时间，而且这些还是之前比较好地完成拆迁的项目。

由此看来，城市更新本质上是一场跨周期投资，一个完整的城市更新项目平均周期是5~8年，十年八载更是常态。因而，如果要投资旧改，不管是普通人还是开发商，都应当做好穿越周期的准备。

在旧改里面，一级开发熟化出地的能力往往决定了其拓展能力。深圳城市更新本质上是一场跨周期的投资，更考验现金流的平衡，某种程度上更适合股权类投资者。从全世界范围的大都市发展历史来看，其实城市更新是个常态化行为，而不是短期行为。开发商在深圳做城市更新项目应该向香港学习，香港有些旧改盘做了十年才拿出来卖，本质上是在收获城市土地升值的红利。

从公开的上市房企财务报表来看，香港一些重要房企的负债率大概只有20%，资金成本比较便宜。而国内的一些房企的负债率达到了70%~80%，而且资金成本高昂。要注意的是，负债率很多时候并没有把一些隐形的负债体现出来。这就带给我们一个很重要的启示：内地房企背着沉重的负债压力做旧改，希望实现高周转，但是进入旧改这样一个长周期投资开发的领域，就必须要调整思维、策略和商业模式。

面对政策法规以及城市规划的变化和波动，我们认为开发商在深圳做城市更新应该有一套自己独立的投资逻辑、商业模式和决策机制。在深圳做城市更新不是做高周转的，而是跨周期投资，收获的是长周期一二级开发联动后城市土地升值的红利，房企应该一步一个脚印，把项目扎扎实实往前推进，用心去孵化、熟化，这就需要花费大量的时间、精力和金钱。很多在二三四线城市做惯了高周转的开发商，带着高周转模式进入深圳，这本身就是一个矛盾，如果不改变这种高周转模式，很难在深圳做好旧改。

所以我建议在深圳做城市更新的开发企业，必须接受基于深圳政策规划和市场规则所形成的独特的投资开发体系，基于深圳的现实情况建立自己的旧改投资逻辑、商业模式，调整投资决策机制，配置对应的合作伙伴、团队、流程、资本运营和激励制度，这样才有可能在深圳做好旧改。

理论篇　城市更新理论相关发展

第一章　城市更新理论的发展流变

第二章　城市更新理论的相关研究视角

第三章　西方城市更新的发展阶段

实践篇 城市更新操作细则——以深圳市为例

理论篇

城市更新理论相关发展

第 一 章

城市更新理论的发展流变

20 世纪 50 年代，在西方欧美等发达资本主义国家率先出现了城市更新理论。城市更新顾名思义即指对城市中不再适应社会发展需求的事物进行改造更新，即以人为的方式干预城市的发展前进，从而解决城市的退化问题。所以，城市更新理论要求要从城市的宏观角度出发，解决城市的建筑、城市的环境、城市的基础设施等存在的问题，从而使城市可以可持续发展。

在第二次世界大战前期到西方后工业发展初期，西方城市更新理论主要从形体规划的角度出发进行城市更新，如柯布西耶提出的“光辉城市”更新理论，这是一种非理性的发展阶段。在这个阶段中，西方的一些国家主要是对国家的贫民窟进行清理，把市中心的老旧建筑拆除，在这些老旧建筑的废墟上建立现代化的新建筑。在这个时期，也有一些城市的改造比较著名，比如美国芝加哥的“城市美化运动”等。

这一时期城市的更新改造有些片面，政府片面地从形体角度试图解决城市更新过程中的全部问题，但是在改造中却出现了更多的问题。为此，很多学者就这一状况进行思考，其中简·雅各布斯在其著作《美国大城市的死与生》中就认为这种城市更新活动没有顾及城市特点，针对性不明显。

因此，很多学者如芒福德、文丘里等人提出了城市渐进式改造策略，认为城市更新要注意人的需求。这就使城市更新从形体主义转向了人本主义，即在人本主义和可持续发展理论的影响下，从小规模开始，逐渐改善城市的功能，形成一种渐进式的城市更新。这种城市更新方式可以看出，人们对城市的更新认知愈发理性，在城市更新过程中，人们逐渐从可持续发展的角度去思考问题，以小规模渐进式完成人人都能够参加的“社会规划”，这种更新模式很快点燃了人们的热情，从而使城市更新富有朝气。

相较于西方城市更新的进程来说，中国的城市更新出现得较晚，而且路途坎坷。从新中国成立到 20 世纪末，中国的城市建设受制于生产力的发展和思维认知的局限，一直强调朴素的城市“形体主义”和功能需求，对城市的建筑也秉持着“充分利用，逐渐改造”的原则。但是 20 世纪后期以来，尤其是进入 20 世纪 90 年代之后，由于中国经济的飞速发展，中国社会和政治经济都面临着重大的转型，城市化进程的加快使城市更新进入大范围、大规模的发展阶段。

进入 21 世纪之后，人们的物质生活基本满足之后，对精神文化需求日益加强，这也促使国内学者开始把目光转移到城市更新上，如吴良镛先生认为城市应该“有机更新”，即城市应该从自身规模出发，对现状进行合理改造以适应未来的发展需求。此外，也有学者认为应该对城市的地域文化进行保护，注重城市的完整性和综合性。也有学者就城市居民“自下而上”参与到城市更新中来进行研究。总之，在城市更新问题上，学术界达成了一个共识，即中国城市应该综合性发展。

工业遗产基础上建立的文化创意产业园，同样属于城市更新的一部分。文化创意产业园的发展关系到城市的经济发展、产业布局、居民就业等问题，而工业遗产的重建则更是城市更新的重中之重，所以在工业遗产基础上构建文化创意产业园区，必然要从城市更新的角度进行考虑，这样才能使文化创意产业园的设计和发展纳入到整个城市的发展中去。

（一）国外城市更新理论研究的现状

城市更新自从城市建立起就存在，但近现代城市的研究发端于19世纪，并以霍华德的田园城市理论为代表。霍华德在19世纪初期的文献《明日的田园城市》中主要针对当时的城市管理和发展问题进行了初步分析，且在他的研究工作中探索出了一种名为田园城市的模式。他提出了在城市建设中引入动态平衡和有机平衡等重要的生物准则，并在城市内部建立起多种功能平衡的基本观点，提出对城市进行更新和改造的关键就是要促进城市的各项功能实现平衡。

国际现代建筑协会（CIAM）针对城市的四大功能进行了分区，将以往的多元化的城市，简单地划分为相关联的功能区域。在经历了第二次世界大战之后，西方国家都是受到这种思想的引导而实现更新，通过简单的分区改变城市发展机理，使得城市的历史文脉出现了裂痕。受到上述思想影响的城市更新都难以取得成功，有时甚至是对城市进行了再次破坏。这使得理论界人士对其进行反思，包括简·雅各布、刘易斯·芒福德等多位学者，从不同视角对上述问题进行了思索，引发了“人本主义”城市思想的出现。

柯林·罗在20世纪的70年代中期撰写了《拼贴城市》，他提出建筑师必须采取一种“有机拼贴”的手段去推进城市建设；简·雅各布指出要通过多样化手段把城市的天性全面地展现出来；在《城市发展史》中，刘易斯·芒福德提出，城市规划要满足“人的尺度”，关注人的需求。简·雅各布斯在其出版的《美国大城市的死与生》中针对上述大规模改造的缺陷进行了分析。她认为这种改造方式从本质上是一种浪费，如此大规模的改造耗费的资源是很可观的，而且这种规模的改造势必会让城市失去原有的发展脉络与文化特征，而且对解决贫民窟问题没有裨益，只是单纯的把它从一个地方驱赶到另一个地方，这就造就了一种恶性循环，对城市的发展难以提供帮助。由此，她提出了“小而灵活的针对城市开展规划”（Vital Little Plan），从大拆大建的模式转换为逐步的、微妙的变化。

随着社会和经济的快速发展，传统意义上的城市更新已经难以阻挡城市的衰退，西方专家开始针对城市复兴的方式进行分析，在这种思路下，针对城市可持续发展的“有机更新”思想便被提了出来。可持续发展的思想最初就是为了杜绝以生态破坏为代价而促进经济增长提出的，后来慢慢地开始针对一些大城市更新问题进行思考。可持续的城市发展观念清晰地指出了城市应推动多样化发展，并且要求民众参与，建议城市更新必须由三方为主体共同推进，即政府、居民和开发商。

（二）我国城市更新理论研究的现状

我国在城市更新方面的研究起步较晚，基本上是通过西方国家的基本理论思想演变而来的。国内陆续翻译出版了一些西方学者关于城市更新的理论专著，如刘易斯·芒福德的《城市发展史》，尼格尔·泰勒撰写的《1945年后西方城市规划理论的流变》等，这些作品使我国学者的视野得到了全面扩展。

在吸收国外理论的同时，国内的学者也在进行着新的努力，并且在很多领域均已取得进展。早期的城市更新研究以理论脉络梳理居多。20世纪50年代开始，中国的主要大城市已经开始了针对老城区的旧城改造。改革开放之后，部分一二线城市的城市更新受到了较大的关注。

20世纪90年代后，中国城市化进入快速发展阶段，快速城市化进程下的旧城改造、更新问题日益突出。在当时的背景下，城市更新研究以建筑学视角居多，以对城市中的旧居住区、工业区的更新为研究重点。随着社会学、经济学的导入，城市更新的研究在社区更新、产业经济与文化创意等方面逐步形成新的热点。

早在20世纪的70年代末期，吴良镛就在其研究中提出了“有机更新”的理论，“有机更新”原理是对新中国成立后国内城市发展的引导观念的一种优化。该理论提出之后也在不断进行自我完善和发展，比如在2000年，方可在《当代北京旧城更新：调查—研究—探索》一文中对北京市大规模的城市改造更新进行了分析研究，其根本上就是对“有机更新”理论的优化。

21世纪以来，我国的城市更新思想有了较大的发展。吴明伟等提出我国在推进城市化的进程中也开始对产业结构进行优化，我国的城市更新更加能够体现出中国特色。阳建强提出要从宏观层面对城市更新进行全面把握，在这一基础上给出全新的城市更新计划。陈秉钊认为应该站在系统论的层面研究城市更新，以便能够促进城市的经济、社会和文化等要素均衡发展，在此基础上对城市进行全面更新。

第　二　章

城市更新理论的相关研究视角

（一）文化导向的城市更新理论

20世纪80年代后期，发达国家的城市发展模式出现了从地产导向到文化导向的转型。后者具有多种多样的形式，包括城市建筑美感再现、文化设施修建等，其目的在于提升城市的文化气息，增加城市的文化吸引力。在我国，文化导向的城市更新出现于2000年左右。随着实践的推进，文化导向的城市更新也成为研究热点。

围绕着这一话题，已经具有大量的理论研究与实证研究，但是对于文化导向的城市更新这一概念本身的界定却依旧模糊。例如，将文化导向的城市更新笼统地定义为与地产导向的城市更新截然不同的城市发展模式。Scott将其定义为对于城市文化“发现”“挖掘”与“创造”的过程。正如Currid与Williams所述，学界对于这一概念界定的模糊性是由于实践层面的“嘈杂”——进一步来讲，在城市更新的实践中，文化导向的更新模式手段多样、社会效果难以评定，因此对其理论的概括总结具有一定的挑战。

追求城市的文化内涵是新时期城市发展的内在要求。文化导向的城市更新强调以文化作为城市更新的推动力与目标，追求在空间再生产的过程中重塑城市的文化内涵，提升城市的文化吸引力。进一步厘清其理论内涵、总结各地的政策模式并反思其经验启示，对我国城市更新探索“后地产导向”模式、推进“文化导向”的实现路径具有指导意义。

首先，理解文化导向的城市更新的理论内涵，一方面需要反思文化与空间的辩证关系，另一方面需要从工具主义与功能主义两个视角来理解其背后的政策理性。其次，结合城市文化的本质属性，文化导向的城市更新可以划分为文化地域性、文化阶层性与文化功能性等三种战略模式。最后，对我国开展文化导向的城市更新而言，值得借鉴的经验包括：在城市政策方面，需要回归公共价值；在文化战略选择上，需要采用综合型的文化政策；在政策执行方面，则需要关注对城市创意人才的培育，并推进政府职能转变。

在已有研究中，对于文化导向城市更新的理解和界定可以总结为以下两个不同的理论视角。

（1）空间的文化：将文化导向的城市更新看作是赋予城市空间以文化内涵的实践行为。这种理论视角强调对既有空间进行空降式的文化设施嵌入，常用的方式包括通过修建音乐厅、艺术馆，安放艺术雕塑等方式来提升一个区域的文化品位等。

（2）文化的空间：强调文化导向的城市更新的实质是将无形的文化具像化、并赋予其空间形态的政策过程。具体手段包括修建地方历史博物馆、打造城市节庆活动、复苏社区文化等。

表 2-1　文化导向城市更新的三种模式

划分依据	更新模式	政策导向	空间形态	经典案例
文化的地域	基于“异域风情”的空间（再）生产	猎奇消费心理	中国城、欧美风情街区	青岛中山路“欧陆风情”街区（2012年至今）
	基于“传统历史”的空间（再）生产	挖掘城市传统文化；怀旧主义与爱国情结	历史文化街区、古城艺术馆、博物馆、音乐厅（文化设施）	利物浦中国城更新（2017）
文化的阶级	基于“中产阶级审美”的空间（再）生产	城市经济发展导向；中产阶级是解决城市问题的灵丹妙药	精品咖啡店，高档餐厅（生活设施）	伦敦南岸（20世纪90年代）
	基于“大众文化”的空间（再）生产	社会公平导向	小吃街、露天市场	济南芙蓉街（20世纪90年代初）
文化的功能	基于“消费导向”的空间（再）生产	打造城市“体验经济”	商业街区、城市文化娱乐设施	利物浦模式（20世纪90年代）
	基于“生产导向”的空间（再）生产	推动城市文化产业发展	创意产业园、艺术家聚落	伦敦创意产业发展规划（2000年以后）

在文化战略的选择上，许多城市体现了基于文化地域性的思考逻辑。这种思考逻辑主要表现为辨识异域文化与本土文化，并将两者作为推动城市发展的政策工具。城市为了打造自身的文化吸引力，往往会塑造“异域风情”空间。这种城市发展战略不仅仅契合了本地居民的文化猎奇心理，刺激其消费欲望，也会塑造多元、开放与国际化的城市文化形象，从而实现吸引海外投资与游客的目的。在吸引资本与游客方面，本地文化、历史传统与异域文化发挥着相似的作用，但更加强调城市独一无二的本土特色。20 世纪 90 年代以后，在我国兴起的古城建设、历史街区改造项目体现了典型的基于本地文化、历史传统的城市更新模式。这种以本地文化为核心的复兴模式经常面临的困境为如何应对本土文化、资本与外来文化、资

本之间的张力。空间规划理念一直面临着这样一些冲突：游客导向的猎奇文化与商业空间常常与本地居民期待的公共空间与便利性日常生活空间相冲突，本地文化的“神龛空间”与全球资本的“麦当劳”邻里空间相碰撞。

城市空间（再）生产的过程也是一个社会关系的再生产过程，其矛盾集中表现为中产阶级审美与大众文化对于空间权利的争夺上。对于地方政府来说，在推行文化导向的城市更新时，需要考量的重要问题是再现谁的文化。在大众文化引导下的城市更新表现为更加贴近城市日常生活的空间重塑，包括建设开敞式公园、打造露天集市、营造集会广场，从而起到维系社会网络、复苏社区文化的效果。

基于文化消费的城市更新战略被全球各个城市所广泛采用。这种更新战略以“城市体验经济”为核心，以吸引游客、促进消费为主要目的，具体的实践途径包括视觉享受与城市生活方式打造等。历史文化商业街区、中国城、伦敦南岸等案例，都是围绕着发展城市体验经济与城市旅游业来展开的。

生产导向的城市更新战略则以推动城市文化产业发展、促进就业为核心目标。其中一种政策路径是自上而下推动城市创意产业的发展。在这一方面，伦敦市政府对其文化企业集群的培育政策较为经典。1998 年颁布的《英国创意产业路径文件》中对创意产业进行了清晰的界定：“源自个人创意、技巧及才华，通过知识产权的开发和运用，具有创造财富和就业潜力的行业”。2000 年以后，伦敦市确定了以广告业、电视广播业和电影业为核心的文化产业发展战略。这既为城市带来了新增就业岗位与衍生产业发展等直接的、短期的收益，也吸引、培育了地方创意人才库，并形成了良好的城市文化生态。

（二）包容性城市更新理论

自 20 世纪 90 年代以来，在一系列制度转型下，我国城市更新开始抛弃了之前福利性的更新方式，转向增长主义的更新方式。其主要特征表现为如下方面：其一，更新价值不再仅注重改善居民生活环境，而是也强调经济增长的效率；其二，地方政府在更新过程中起主导作用；其三，依赖市场更新（房地产）成为主要手段；其四，居民在整个城市更新过程中处于被动妥协的地位。当然，这个过程在很大程度上重塑了城市空间、改善了城市环境，而且在某种程度上也有益于经济增长。

但是，这种增长逻辑下的更新行为也带来了一系列社会问题，比如，居民空间漂移、更新成本的转嫁、加剧了居住空间分异等。特别是在 2004 年之后，受到基本农田保护和经济危机的内外羁束，城市更新成为取代城市空间拓展的另一重要开发方式，随着大规模推倒重建所带来的历史文化丧失、弱势群体权利难以保障，以及利益分配不公引发的拆迁冲突等社会问题，城市更新成为现阶段各种社会矛盾的交汇点。城市更新应该从根本上转变其“增长主义”逻辑，转为更具包容性的增长方式，使城市更新的主体享有更为公正的权利和利益分配。

当前城市更新理论源于伦理学的功利主义，它用对经济增长“好”的要求来规范城市更新的具体运作机制，这是当前更新运作机制在具体更新过程中出现偏差的根源。包容性增长理念，强调增长过程性的公正逻辑要优先于对经济增长“好”的认识，形成对功利增长的理论应对。明确包容性增长的要点是：对增长结果（目标）的可持续要求——增长的综合性；对增长行为的正当性要求——增长中落实政治权利、实现经济利益共享、保障弱势群体。我们应将包容性发展理念的操作性要点应用于城市更新的过程分析当中，重新梳理不同利益主体之间的博弈关系、更新实施的组织模式、更新利益的分配和保障方式等与更新实施过程密切相关的行为逻辑，从而提出包容性城市更新的概念，建构其理论框架。

（三）城市微更新理论

在中国城市土地资源存量发展的大背景下，城市更新经过多年探索取得了许多优秀的成果，提出了结合保护、整治和改造多层次、多角度的微更新理论。微更新理论推崇小规模、渐进式的改造模式，是对中国新型城镇化发展模式的积极探索，得到了广泛的关注和积极的应用实践。

城市微更新是城市发展模式转型的必然趋势。城市存量空间发展相对成熟，但历史遗存有限、城市功能及肌理遭到破坏、区位优势与人文特征不协调、人口老龄化明显、社会问题严重，传统的城市更新模式已难以应对日益庞杂的城市问题和城市存量资源的复杂现状，存量资源的挖掘与发展不能沿用传统大拆大建的增量规划思路，必须对存量资源的价值、现状条件和更新目标进行合理定位，通过功能的完善和补充、城市肌理与空间秩序的修复等小尺度的空间营造，为城市存量空间注入新活力。在此背景下，微更新理论以小规模渐进的方式实现城市的更新发展，对中国的城市更新规划具有一定的指导和推动作用，这也是处于转型发展期的旧城区的内在需求和必然趋势。

国内外普遍提倡“有机更新”“城市针灸术”“小规模渐进式”更新，强调避免全部推倒重来、大拆大建的城市更新模式，强调在原有基础上进行有针对性的更新改造，讨论的是规模要小、方式要渐进，对其所包含的内容并没有明确说明。“微更新”强调小项目对城市复兴的积极作用，主张小规模、逐步渐进的改造，这种对研究对象空间范围的限制在指导实践时容易产生偏颇。空间规模单一、外延不明确，不利于该理论的应用与发展。由此，研究内容具体化成为微更新理论最主要的研究趋势之一。

2014 年，中国国土资源部下发《关于推进土地节约集约利用的指导意见》，提出要严格控制城乡建设用地规模，严控城市新区无序扩张，逐步减少新增建设用地规模，着力盘活存量建设用地，有序增加建设用地流量，提高建设用地利用效率。2016 年，国务院下发《关于进一步加强城市规划建设管理工作的若干意见》，指出要严控各类开发区和城市新区设立，强调有序实施城市修补和有机更新，解决老城区环境品质下降、空间秩序混乱、历史文化遗产损毁等问题；恢复老城区功能和活力，更好地延续历史文脉，展现城市风貌。国家在政策上限制了城市的增量发展，对中国的城市建设提出了新的发展要求。国内上海、深圳等城市率先转向存量发展路径，并积探索应对策略。因此，在国家对新增建设用地的严格把控下，中国城市化路径开始由“增量扩张”向“存量发展”转变。中国的城市微更新研究源于吴良镛的“有机更新”理论，他在《北京旧城与菊儿胡同》中主张城市建设应遵循城市内在秩序与规律，以适当的规模、合理的尺度处理各种关系，指出要进一步探索小规模改造与整治方面的研究，探索小而灵活的城市更新。

中国城市发展不均衡，导致区域空间结构及秩序不同，城市不同区域、不同空间发展形态的更新要求也不同。结合城市空间结构及发展现状，城市微更新通过更新城市空间构成要素来满足城市不同区域的发展要求，并依据使用特征及人群诉求，提出以下四种城市微更新模式。

1. 开发—更新模式

主要针对生活环境破败、建筑质量差、居住水平低的城市衰退区，区域内部以本地居民为主，但由于其人口流失严重、老龄化特征明显，使得其社会融合度趋于退化。应针对其公共空间缺乏、基础设施缺失等现实情况，针对城市发展要求及人群诉求进行小规模开发、小尺度新建，以满足城市发展要求以及人们对功能的需求和对生活质量的要求，为衰退区域带来可持续发展的动力，让城市得以再生和延续。

2. 重构—改造模式

主要针对城市中结构定型较早的区域，区域内部以原住居民为主，保持着原本的生活方式，社会融合度较高，但生活环境较差，城市功能不足，用地压力加大，要求更加完善的城市结构，各项要素不得不根据功能的需求和时代的要求进行调整和改造。我们对于需要保护和传承的要素进行保留，对不符合时代发展、达不到功能要求的要素进行小规模调整和改造，以达到城市格局清晰、功能层次丰富、视觉层次清楚的目的。

3. 织补—加强模式

大规模的城市更新建设使一些区域的土地、空间、经济结构发生变化，在带来社会、经济效益的同时也冲击了社会网络。但其空间内部综合性较强，城市文脉和历史格局都具有极为重要的价值，需要保护和传承。因此，在保护和传承的大方向下，通过对街道立面、色彩等要素进行精准的织补和修缮，满足现代人最新的审美需求，实现城市空间环境和生活品质的提升。

4. 保护—整治模式

主要针对空间环境质量较高、公共设施齐全、人口构成丰富、社会网络完整的区域。从空间塑造的角度来看，各部分完整、有序且相互联系，色彩、图案、标识等要素足以表达城市特色，这是城市更新过程中需要保护和侧重表达的内容。从时代发展的角度来看，城市更新是一个持续性过程，面对不断涌现的城市品质与内涵问题，选取相对应的构成要素进行有针对性的整治，是满足城市发展要求、提升城市环境品质与内涵的必要手段。

综上所述，城市微更新的过程实际上就是对各构成要素实施开发、改造、织补和延续的过程。首先对城市格局与土地利用进行判定，寻找需要保留、传承的内容，考虑需要加入并融合的功能，确定更新和重构的目标，然后与各构成要素相对应，按照更新要求与程度，对各要素进行传承、完善、调整与改造。各要素之间相互联系，相互促进，最终达到城市空间优化、居住水平提升的目的。

（四）城市更新的“有机更新” 理论

“有机更新”，实际上是理性思考建国后城市发展的结果。“有机更新”理论认为城市是一个不断进化的有机体，应当进行自我发展。对城市引入“有机更新”是从尺度和规模等相关指标对其加以限制，在进行更新改造的同时也要关注城市的历史、现在和未来发展之间的关联，使城市得到各功能区域的均衡发展。有机更新理念的核心思想就说明了城市更新并非一次完成，而是持续动态过程。

“有机更新”理论自提出以来一直保持着发展，但“有机更新”从根本上而言属于一个学术概念，并未能把其大量地应用于城市更新实践。随着国内各项产业发展、整体经济体量增加，在城市更新模式上，仅仅以经济作为指标已无法满足现实需要，城市功能和社会经济结构之间存在着较大冲突。

“有机更新”最为显著的特征即系统性，即对城市更新的理解与把握，不仅需要从时间与空间维度综合考虑，更要从社会、经济、人文等多个视角对其整体更新进行分析。这些年以来，我国政府在城市更新的法律和法规建设上已经进行了大量尝试，特别是在一些经济相对较为发达的城市，如上海、南京等地，先借助市场运作方式来推动城市更新进程，并借助人文环境、经济与社会发展等的优化，来增强城市综合竞争力，在完成对产业进行升级的同时，也保护了城市的本来面貌。从概念范畴上来把握，城市“有机更新”已超出了传统城市建设的范围，需要站在城市未来发展的高度，从整体上保持城市发展活力，更好地促进城市的物质和精神文明建设。

第 三 章

西方城市更新的发展阶段

在欧美国家，早在20世纪30年代开始就着手解决城市中心区衰败和贫民窟的问题，直到“二战”后出现了有规模的城市更新运动，西方的城市更新发展可分成四个阶段。

（一）城市更新的初期阶段（20世纪30年代至50年代末）

受20世纪30年代经济萧条的打击和“二战”的破坏，欧美国家许多城市开始制定小规模的城市更新计划，在城市中普遍进行了清除贫民窟运动和战后重建，以提升和美化城市形象。1930年英国制定了《格林伍德住宅法》，解决贫民窟问题。1949年美国颁布了《住宅法》，提出了城市更新的一般模式，城市建设很重要的一项任务是复兴旧城中心区。1954年美国又进一步拓宽了城市更新概念的含义，指出城市更新的宗旨在于实现城市再发展。在这一时期，欧美国家出现了许多有规模的改造及重建运动，比如纽约于1947年重建的斯特威森特镇。

（二）城市更新的实施阶段（20 世纪 60 年代至 80 年代末）

20 世纪 60 年代后，由于有了政府和私人部门投资的增加，城市更新成为房地产开发的重心，形成了房地产开发导向的旧城再发展。1973 年受到石油危机的影响，面对财务萎缩，美国国会宣布终止城市更新计划，但是联邦资金对于城市更新的资助却依然在延续着，同时实施了社区发展资金计划和城市发展资金计划，保证了在非常时期的城市更新与邻里建设活动。1980 年代初，美国里根总统宣布逐渐弱化联邦政府在城市更新中的作用，由政府主导转向政府、私人部门、社区三方主导，鼓励增加私人部门在城市建设中的投资。在这一时期，出现了大规模的城市旧城区改造，比如法国巴约纳的旧城改造。

（三）城市更新的持续阶段（20 世纪 80 年代至 90 年代）

20 世纪 80—90 年代，经济增长趋缓，自由主义盛行，大规模住宅建设时期建造的住宅更新成了重要的住宅建设课题。美国针对城市开发公司推出税收奖励措施等政策，社区公众的介入使更新规划更贴近生活，更具现实意义。这种社区文化的保护与认同成为了 20 世纪 80 年代欧美国家城市更新的主要方式。著名城市理论家、社会哲学家刘易斯·芒福德也在其著作《城市发展史》中提出了注重城市长期发展的可持续发展理论。

（四）城市更新的发展阶段（20 世纪 90 年代以后）

人本主义思想和可持续发展观念逐渐深入人心，人们开始高度注重人居环境，注重历史价值保护，强调要从社会环境、经济环境和物质环境多方面综合考虑城市更新问题，强调公众和社区参与的新理念。1996 年 6 月，联合国在伊斯坦布尔召开的 HABITAT Ⅱ会议确立的 21 世纪人类奋斗的两个主题是："人人有合适的住房" 和 "城市化进程中可持续的人类住宅发展"，明确指出了城市更新政策的价值取向。在这种价值取向的引导下，西方各国相继制定颁布了相关法令，比如，1992 年美国颁布了《住房与社区发展法》，2000 年法国颁布了《社会团结和城市更新法》，2003 年英国制定了《可持续发展社区规划》。

表 3-1　西方城市更新发展历程

	第一阶段	第二阶段	第三阶段	第四阶段
时期	20 世纪 60 年代之前	20 世纪 60—70 年代	20 世纪 80—90 年代	20 世纪 90 年代后期

续表

	第一阶段	第二阶段	第三阶段	第四阶段
发展背景	战后繁荣时期	普遍的经济增长和社会富足	经济增长趋缓和自由主义盛行	人本主义和可持续发展深入人心
主要政策和计划	英国《格林伍德住宅法》（1930） 美国《住宅法》（1937）	美国《现代城市计划》（1965） 英国《地方政府补助法案》（1969） 加拿大《邻里促进计划》（1973） 法国《邻里促进计划》（1981）	英国成立专门的城市开发公司、企业开发区（1980） 美国颁布税收奖励措施（1980）	英国发布了《城市挑战计划》（1991） 英国成立了专门的综合更新预算（1995） 欧盟成立了结构基金（1999）
更新特点	推土式重建	国家福利主义色彩的社区更新	以地产开发为导向的旧城再开发	物质环境、经济和社会多维度的社区复兴
战略目标	清理贫民窟	向贫穷开战	市场主导的旧城再开发	高度重视人居环境
更新对象	贫民窟和物质衰退区	旧城贫民社区	城市旧城区域	城市衰退地区和规划欠佳地区
空间尺度	强调地方性的宗地尺度	宗地和社区级别	宗地尺度向区域尺度转变	社区和区域尺度

资料来源：张更立（2004）。

表 3-2　西方城市更新演变进程

	第一阶段	第二阶段	第三阶段	第四阶段
理念	清理贫民窟	福利色彩社区更新	市场导向的旧城再开发	人本主义社区复兴
效果	物质面貌更新	原社区居民有所收益，贫富差距缩小	旧城经济活力增强、更新地区的社会经济地位提升	重视居民意愿和公众参与
问题	过分注重物质层面	收益面较窄	严重绅士化	—

资料来源：张更立（2004）。

表 3-3　西方城市更新运作模式特点

阶段	运作模式	政府	角色扮演	社区	管制特点
20 世纪 70 年代	政府主导	中央政府主导	为数不多的自发性投资	政府福利主义	福利主义模式的物质更新
20 世纪 80 年代	公私合作性	政府提供优惠政策和少量启动资金	私人投资被极大鼓励，私人利益需求占主导地位	显著边缘化	市场主导，以增长为取向的物质更新
20 世纪 90 年代	社会参与型	协调、引导和促进作用	重要投资者角色	社区参与、分享收益	多维度城市更新

资料来源：张更立（2004）。

第四章

西方城市更新理念及管治模式的转变

西方城市更新政策经历了从20世纪70年代政府主导、具有福利主义色彩的内城更新，到20世纪80年代市场主导、公私伙伴关系为特色的城市更新，向20世纪90年代以公、私、社区三方伙伴关系为导向的多目标综合型城市更新转变。一个内涵更加多元化的城市更新理念，以及一个以多方伙伴关系为取向、更加注重社区参与和社会公平的城市更新管治模式，正代表城市更新政策的新思路。

表4-1　西方城市更新管治模式的转变

	20世纪70年代	20世纪80年代	20世纪90年代
城市更新理念	物质更新为主，兼顾社区需求	房地产开发为主导、经济增长为目标的物质更新	可持续、多目标（经济、社会、物质环境等）的综合型城市更新
政府的角色	政府主导，公共资源为基础，带有“国家福利主义”色彩	公私双向伙伴关系，政府提供少量基金作为“引诱”私有投资的手段	三向伙伴关系中起协调、引导及促进作用
私有部门的角色	自发性投资活动，与公有部门的合作尚未深化	公私双向伙伴关系，政府大力鼓励私人投资	三向伙伴关系中重要的投资者角色
社区的角色	政府福利主义政策的对象，在城市更新决策中参与程度较低	被显著边缘化，社区受益相当有限	社区参与及赋权成为政策焦点，三向伙伴关系中重要的权力制衡者

续表

	20世纪70年代	20世纪80年代	20世纪90年代
城市更新总体管治特点	政府主导、"自上而下"的物质更新与社区改善	市场主导、"自上而下"、公私双向伙伴关系、以增长为取向的物质更新	公、私、社区三方伙伴关系为基础、"自下而上"与"自上而下"的决策模式相结合的综合、全面型城市更新

对于美国来说，国家的公共住房（主要指新建住宅）政策在20世纪八九十年代发生了很大转变。往昔政府大量兴建公共住宅已成为历史，20世纪80年代公共住房数量日趋减少（出售或拆除），20世纪90年代，公共住房政策逐渐转向老人与残疾人优先的政策，为大众提供住房不是目的，目的是为大部分低收入家庭提供物美价廉的住房。

1996年在土耳其召开的20世纪最后一次世界住房大会上，美国代表表示：美国政府不再有住房问题的烦恼，那都是私人企业的事情。美国城市更新中的旧城居住区改造经历了从市场完全控制到政府介入，再到企业化运营的反复过程，城市更新和旧住宅改造的目标也从单一的经济复兴，逐渐发展到多重目标的复合。近年来，在满足商业社会获取最大财富的同时，以维护社会公平而不是利润为己任的政府再一次介入到住宅的建设和改造中来，社会救助、关注弱势群体成为新的热点。美国最近出版的《新政府运动》一书所列举的20个住房项目中，有18个是由非营利性社会组织开发的，另外两个则由政府和房产商共同开发。

第 五 章

城市旧区更新的因素分析

（一）城市旧区更新设计的内涵

城市旧区的更新是整个社会经济发展工作的重要组成部分之一，其主要作用在于提高城市功能，优化城市结构，改善城市环境，改造物质设施，促进城市文明程度的提高。简单而言，作为城市发展过程中的调节机制，城市旧区更新的主旨在于阻止城市衰退，促进城市发展。城区是城市的有机组成部分，城市的更新是由城区的更新来实现的。当代，旧城区的更新已成为整个社会改造的重要组成部分，而其也开始向多学科、多专业交叉的方向发展。

1. 城市旧区的特征

从字面的意思来看，城市旧区是指陈旧、历时已久的城市的区域，但从更新的角度来说，城市旧区实际上是一个动态的概念，其内涵包含却也远超出时间的概念，因而不能仅把城区建成时间的长短作为区分新旧的绝对标准。城市旧区是指那些在建设时期由于受到当时的规划、建设水平、经济水平等因素的影响，其规划与建筑的外观、功能、质量等方面在现阶段不能满足城市居民的实际生活需要的区域。对城市旧区进行更新的原因多在于两点：一是原有的设施不能满足现代生活的需要；二是原有的功能已不适应现代生活方式的需要。

一般来说，需要进行更新的旧城区具有以下特征：

（1）历史性。作为需要进行更新的陈旧、衰退地区，旧城区必然是经历了城市的长期发展与演变，最终表现出不能够适应社会政治、经济、生活或是城市发展及人们精神需要的若干问题。城市旧区是在历史发展中逐步形成的，每一个发展时期都与当时的时代背景、经济状况、地域文化乃至社会意识形态有着密不可分的联系。城市旧区在其发展过程中，也在不同时期经历了不同的改造，这些时代性的发展印记往往能够清晰地体现在城区中。

（2）落后性。一座城市的更新总是随着社会的发展而分时期、分步骤、分区域进行的，因而，随着时间流逝，城市中总会有一些区域成为相对落后的部分。这种落后多表现在功能老化、居住与公共设施的落后方面。这种落后也会表现为当时看来并无明显的特征，但却不具有可发展性，从这个角度来说，落后性也是一个相对的概念。

（3）复杂性。概括来说，城市旧区具有的复杂性主要体现在更新的目的与内容方面。城市旧区更新的目的包括了改善城市经济、城市环境、居民生活质量等，其内容也相应地涉及调整城市产业结构，提升投资、工作与居住环境以及完善基础设施等多个方面。此外，在城市旧区进行更新时，除了考虑待改造区域内部的情况外，还要综合考虑改造区域与周围地区乃至整个城市或是周围城市的相互关系；除了考虑到城市居民在物质环境方面的需求外，还需要考虑其精神文明方面的需求；除了考虑当前的经济效益外，还要考虑长远的社会和环境效益……总地来说，需要考虑的因素具有很高的复杂性。

（4）综合性。对于整个城市来说，旧城区只是其中的一个组成部分，但实际上，旧城区的更新是“牵一发而动全身”的。无论何时，不可能抛开城市整体而单独考虑一个区域的改造，必须根据城市的发展，依据城市总体规划、功能区划分等，将整个城市作为一个有机体综合考虑。

（二）城市旧区更新的内容

城市是一个有机整体，从不同的角度出发，其组成各有侧重。一方面，可以将城市看成是由不同的区域组合而成，各城区之间紧密联系，共同构成一个有机综合体。另一方面，也可以将城市看作是以人为主体，经济活动集中、社会联系紧密的系统。因此，城市中任一区域的更新与城市整体都是密不可分的，正所谓“牵一发而动全身”，其所包含的内容从土地利用、环境保护到经济结构等，所涉及的项目纷繁多样。

可从较为宏观的角度将城市更新归纳为以下几个方面：

1. 实现城市的发展与更新

任何一个城市都在不断地发展，为了更好地满足生产和生活的需要，城市都是处于不断的调整与更新之中。作为城市整体的有机组成部分，城市旧区更新的基本内容就是通过对自身的调整去实现城市整体的发展。因而，城市旧区更新的内容首先存在于全局的范畴中，根据城市整体制定的发展计划，与城市中其他区域协调进行。

城市在不断发展过程中往往会调整城市规划结构布局、产业布局等，此时城市旧区更新的主要内容就是对于区域内的城市建设用地结构、功能结构、建设布局结构、居民构成结构、其他社会结构等各种旧城区的问题进行重新调整和部署，同时通过改建或新建城市软、硬件设施去满足其新的城市功能要求。

2. 提升生态环境

在顺应城市统一规划布局的基础上，城市旧区更新的一项重要内容就是提升生态环境。

首先，要合理划分各功能区，科学地对各机构进行分类并布局，使噪声源、有害气体、废弃物等远离居住区域。而城市旧区更新首先要服从于城市统筹布局，根据其所属的功能定位进行改造。

其次，在旧城区内部进行布局分析，合理调整区域内部布局，科学治理污染源，增设绿化区，建设居民户外休息娱乐设施，对生态环境进行美化与优化。

3. 改善居住环境

城市旧区由于年代比较久远或是相对比较落后，往往居住的建筑比较破败，甚至可能是危房，又或者原有的建筑形式等已不适应居民的生活要求。在旧城区中，对旧的居住建筑及其环境进行更新一直是我国旧城更新的一项重要内容。

4. 改善市政公用设施

市政公用设施包含的范围较广，包括城市道路及其设施、城市桥梁及其设施、城市排水设施、城市防洪设施、城市道路照明设施，以及城市建设公用设施等方面。旧城区的市政公用设施往往建成的年代已久，在功能、外观等方面已不能很好地适应城区的使用需求，甚至有些已经给人们的日常生活带来不便。在城市旧区更新中应注重对这些设施的修护与更新。另外，还应该根据城市规划以及城区人口使用情况增加或修护城市园林绿化、游艺场及运动场所等。

5. 完善道路系统

旧城区往往由于城市格局已经形成，其道路系统主要存在街道狭窄、交通拥堵、道路基础设施落后、各类交通方式混杂等问题。在城市旧区更新中应该遵循道路系统规划符合城市整体规划、整体与局部改造相结合的原则，实现道路的有机更新。

（三）城市旧区更新的目的和意义

城市旧区更新是整个社会经济发展工作的重要组成部分之一，其主要作用在于提高城市功能，优化城市结构，改善城市环境，改造物质设施，促进城市文明程度的提高。简单而言，作为城市发展过程中的调节机制，城市旧区更新的主旨在于阻止城市衰退，促进城市发展。

城市旧区更新的目的与意义需要从两个方面来看：一方面，它是统一于城市更新的整体目标之下的，是城市更新的具体实施内容。另一方面，又具有自身区域内部的更新目的。由于所属城市的特点和发展战略的不同以及旧城区自身的情况、在城市中的定位等方面的差异，决定了城市旧区更新的差异，但总体来说，其目的与意义主要在于以下几个方面：

1. 优化城市经济产业结构

经过多年的经济建设，我国的城市得到了很大的发展，城市体系初步形成，城市之间分工趋向合理，城市规模不断扩大……与此同时，我国也进入了产业结构的战略调整时期，大批工矿企业转产、停产甚至破产倒闭；一些优质的工矿企业退出城市中心区，转入郊区发展；城市中大量劳动力转入第三产业。随着现代科技的进步，城市开始由工业经济向知识经济转型，一些大城市逐渐成为区域性金融、贸易、信息、科技和文化教育中心。城市旧区更新的一个重要目的就是促进城市经济结构和产业结构调整。通过城市产业结构、产业技术、产业管理模式等的调整促使产业布局与经济结构调整，从而优化城市经济产业结构。

2. 整合城市土地资源

随着我国城市化的快速发展，城市用地规模不断扩大，从目前的情况来看，城市土地的增加大多是由农村土地转化而来。但是，由于土地资源是一种不可再生资源，且数量有限，城市面积的扩张与保护土地资源之间的矛盾不断升级，并且其对于经济增长与社会发展造成的负面影响已经不断显现。因而，集约使用城市土地，增加城市土地的利用率势在必行。在这种形势下，城市旧区更新的一项最重要的任务就是整合土地资源，通过提高城区土地的利用率，合理配置土地资源，从而缓解城市的用地紧张。

3. 改善城市居住环境

由于旧城区大多建成年代较为久远，因而存在很多问题，如市政配套设施落后、房屋年久失修等，极大地影响了城市居住环境水平。随着经济的发展，人们对城市住宅、城市基础设施、文化娱乐设施和城市整体环境提出更高的要求，对旧城区进行更新从而提高人们的生活条件、改善居住环境质量是目前我国城市建设的一个重要目标。在城市旧区更新过程中有意识地把握这一目标，并体现在更新的指导观念、方法、策略、标准、规划设计等方面，能够有效地改善城市的居住环境。

4. 促进环境持续发展

城市环境的安全与健康是现代城市建设的基础，但是，在城市发展过程中，若过度强调以经济效益为中心而忽视环境因素，往往会带来相应的工业污染、交通污染等问题，从而使城市环境质量下降。倘若进一步恶化，则有可能导致能源、资源危机，甚至危及人类的生存发展。在这种情况下，环境问题成为发展中极为重要的内容。

因此，城市旧区更新的重要目的之一，即在强调城市改造应以环境治理和环境保护为中心的宗旨下，应用先进的污染治理技术、科学的规划设计方法和先进的管理模式，实现经济与环境的协调发展。

5. 保护与促进文化发展

一个城市的历史文化是一定区域范围内传统特色的积累与展现，需要经过长时间的沉淀才能产生。城市的历史文化往往不仅体现出某一特定历史阶段的特征，还能体现出此后多个时期的烙印，具有丰富、珍贵的文化价值、美学价值等。

现阶段，城市旧区更新中的文化保护与发展注重体现城市的历史文化性，采用适宜的改造方式保护与促进城市文化发展，体现在对现有城市的历史价值的尊重，对现有居民的生活方式的尊重，对旧城区历史风貌的尊重，对旧城区现有景观特色的尊重等方面。

6. 促进社会发展

随着城市经济的发展，一些社会性问题也不断涌现，如经济发展、技术改造可能对传统产业带来巨大的冲击，造成城市原有的就业岗位减少，失业率急剧上升，城市社会稳定受到威胁，社会犯罪率不断增加等。

城市旧区更新的又一重要目的就是维持社会公正与社会安定，增进社会邻里关系，从而促进社会发展，减少社会性问题。如通过更新增加工作岗位，提高社会就业率，降低社会犯罪率尤其是降低青少年犯罪率，改良社会管理模式，妥善处理好原有人际关系与空间安排重新置换的关系，完善社区邻里结构和社会网络等。

7. 再造城市功能，提升城市形象

伴随着我国经济的高速发展，城市的结构性衰退和功能性衰退已成为关键性的问题。在很多城市中，旧有的城市功能分区已经不能满足城市的发展，因此，城市旧区更新的目标不仅局限于进行城市物质性改造，如对旧有房屋的修缮、改建或重建以及对现有道路的拓宽与修建等，更重要的是要从复兴城市整体机能的目标出发，对城区内部组织系统和功能结构进行调整，综合治理城区环境，进行多目标、多层次的更新。通过城市旧区更新，增加城市空间的利用率，从而在保持用地性质与功能基本不变的情况下，实现扩大与改善旧城区的环境容量与质量的目标。同时，还要增强旧城区之间的有机联系，提高改造区域在城市系统中的功效，同时促进城市形象的整体提升。

第六章

城市更新的发展趋势

（一）从单一目标向多维目标的转变

纵观城市更新的发展历程，现代城市更新不是一种以翻新旧建筑和旧设施为代表的城市建设的技术手段，也不是大规模的旧城改造和小规模的历史街区保护，更重要的是，它还具有深刻的社会和人文内涵。现代城市更新的目标不是单一的物质条件改善，其真正意义在于维护社区利益、提供人文关怀、理清社会脉络等多方面。

（二）真正有效的城市更新管治模式

城市更新是一个过程，它的成功与否有赖于一个真正有效的城市更新管治模式的建立。一个有效的管治模式是“一个具有包容性的、开放的决策体系，一个多方参与、凝聚共识的实施机制，一个协调各方、合作共赢的基本理念”，而不是由开发商的商业利益支配、由政府部门给予配合的运作模式。西方国家 20 世纪 80 年代盛行的“市场主导、公私合作”的实践之所以被证明是不甚成功的模式，其中一个重要原因是忽视了城市更新的社会效应。有效的现代城市更新管治模式是将社区力量纳入决策与实施的主体当中，与公私权力形成制衡，有利于城市更新多维目标的实现，并保障更新效率和公平的统一。通过建立面向社区的沟通对话机制、听证会机制、行政复议和申诉制度等加强社区居民的参与，重视社区的真正需求，减少社会矛盾，避免冲击既有的和谐的社会网络和社会构成。

（三）系统的多目标的战略规划和行动纲领

现代城市更新策略的制定与实施中都十分重视政府的积极作用，政府通过制定政策、财政支持和组织协调等手段，激励私人投资。在重视政府积极作用的同时，维护公众利益，创造社区公共参与的条件，确保公共利益不被商业利益侵占。在现代城市更新的实施运行中，首先要建立一个专门的机构，从事具有权威效应的协调、监督和调解事务，对城市更新进行长期性的、系统的、多目标的管理和协调。其次，通过多方沟通协调形成系统的多目标的战略规划和行动纲领，以及一套规范的城市更新规划和实施的法制体系和目标体系，同时对政府部门、开发商、工矿企业、金融机构、广大公众等在城市更新过程中的地位和作用进行明确界定。最后，通过系统性制定多目标的战略规划和行动纲领，最大限度地维护普通社区居民的利益，提高思想认识并积极参与到城市更新的各项事务中。

第七章

城市更新对城市发展的重要影响

城市更新属于综合性较强的城市规划实施的范畴，与城市经济学、城市社会学，以及建筑学和城市规划学密切相关。

（一）城市更新对经济发展的影响

城市更新改造往往以经济增长为着眼点，通过移植更高效率的生产、生活方式，促进城市土地利用的科学化，引导级差地租不断提高，同时使城市土地不断释放出更多、更富有效率的物理空间。旧区改造促进了房地产业的发展，没有旧区改造就没有土地供应和增量住房供应，也就没有房地产业今天的发展。

旧区改造工作提升了房地产价值。第一，随着旧区改造，新建建筑在“量”上成倍增长。第二，随着旧区改造，新建建筑在“质”上有很大提升。不管是建筑结构、建筑质量、建设标准、建筑类型和环境质量，还是其与现代生产、生活方式的匹配度，新建建筑都远远超过各类旧房。第三，随着旧区改造，建筑物的固有价值大大地提升。简单而言，旧区改造就是“去旧建新”。如果剥离其他因素，单单比较物质价值，新建建筑的建设安置费用是旧房残值的3~4倍，再加上地段等因素，其市场价值远远大于旧房。第四，旧区改造对国民经济的带动作用十分明显。据测算，每投入100元的住房建设资金，可以创造300~370元相关产业需求和其他产品销售，另外还可不断增加装饰、家电、家具等的消费需求和就业机会。

动拆迁成本与房地产市场联动。由于房地产市场形势的变化、动拆迁政策的调整、最低补偿单价的提高、居民心理预期的高企，以及受动迁房源紧缺、动迁房价飙升、社会稳定形势等大环境的影响，近年来，居民的动拆迁成本大幅度飙升，受此影响，不少基地动拆迁成本突破原先预算，有的突破幅度还很大。同时，由于“双增双减”等政策的出台，新建住宅建筑的容积率受到严格控制。以上因素，导致新建建筑前期成本大幅度上升，每平方米达到或大大超过1万元，如果加上建设安置成本、土地出让金、银行利息、广告宣传等，房价将会大大增高。同时，由于房价的上涨，又反过来影响最低动迁补偿单价，并全面影响房屋市场评估，动迁成本将随之上扬。而动迁成本上扬之后，房价又重新被拉动上涨。如此反复，便形成循环。当循环建立于房价上升能够被市场接受（供求关系正常）的状态时，循环正常进行。而当供求关系发生变化，同时金融和房地产形势发生变化，正常循环便会中断，就极有可能导致一些后果。

（二）城市更新对空间形态发展的影响

1. 减缓城市蔓延

在新的居住区、工厂区的郊区迁移过程中，发达国家城市出现了城市蔓延现象，一部分发展中国家城市出现了以极低的人口密度向现有城市化地区的边缘扩展的现象（在我国称为“摊大饼”）。城市蔓延及边缘扩展现象对城市发展产生了交通、环境、城市建设和居住成本等方面一系列的负面影响。对城市中心区进行合理的更新改造能够在一定程度上减缓粗放型的空间扩展运动，优化市域空间发展结构，促进土地资源的有效利用，充分挖掘土地使用价值，建设资源节约型社会。

2. 加速建筑更新

我国大城市建筑发展大致经历了由木构建筑到砖石结构建筑，再到钢筋混凝土、钢结构建筑的广泛使用阶段。目前，木构建筑现存较少，大多已成为历史风貌保护建筑；砖石结构现存较多，以新中国成立后相继建设的住宅为主，建筑质量一般；钢筋混凝土和钢结构建筑质量较好，并将在今后相当长的一个时期内成为城市建筑的主体。历次城市更新运动都能够加速建筑更新。

3. 实现人口疏解

大量房屋的拆与建，加速了人口流动，实现了人口的大疏解和大转换。居民的大规模流动，必将对城市空间形态发展产生深远影响。一方面，在物质环境和功能使用大升级以后，新住房居民的人口素质、收入水平、消费能级、交通需求、生活方式等确实有了巨大改变。

4. 促进对优秀建筑风貌的保护

很多城市中心城区的历史建筑和风貌街区建成年代久远，由于历史原因造成了其居住拥挤、住宅不成套、超负荷使用、设施难配套、建筑破坏严重等质量下降问题。在改革开放后多年的努力下，许多历史建筑得到保护，城市历史风貌得以改观，取得了好的经济、环境和社会效益。

首先，通过拆迁改造，实现历史文化风貌街区的“整旧如旧”。这种模式是历史风貌保护区改造的最常用模式，以北京前门大街和上海“新天地”广场为典型代表。上海“新天地”广场位于109、112街坊，其中有著名的全国重点文物保护单位——“中共一大会址”。两街坊在改造前居住有1950户居民，街坊内房屋布局、建筑风格反映出较为典型的里弄建筑风情与传统的生活气息。由美国波士顿Wood And Zapata公司和新加坡日建国际设计公司联合设计的新天地广场通过保留建筑外观和外部环境，以保护历史街区的风貌（包括建筑风格、街区尺度等），有机延续“中共一大会址”周边的历史文脉。对原有居民进行外迁，充分挖掘街区特有的历史文化内涵及其可能衍生的旅游、休闲、文化娱乐等商业价值，实现街区功能置换性的改造。对建筑外部环境进行必要的调整，增设绿地、小广场等公共活动场所。对街区交通空间进行疏理，将其改建成富有人情味、现代与历史有机融合的步行商业娱乐街区。通过延续“风貌形态”、健全“功能使用”、完善“社区结构”等方法，进行了历史风貌街区的改造。以“新天地”为代表的整旧如旧、功能调整等，为历史风貌街区的更新改造开辟了崭新的天地。

其次，通过置换改善，实现对优秀近代建筑的保护性和现代化更新。这方面以天津静园住宅置换式改造项目为代表。天津静园位于天津市和平区鞍山道 70 号（原日本租界区宫岛路），始建于 1921 年，原名乾园，是民国时期参议院议员、驻日公使陆宗舆的住宅。1925 年溥仪被冯玉祥撵出北京后迁往天津张园，2 年后来到同街乾园居住，将其改名为静园。2005 年 8 月，静园被天津市政府确定为特殊保护级别历史风貌建筑。改造方式为住宅置换式，即主要通过保持历史风貌、回归使用的形式进行改造，居民外迁，拆除违章建筑，进行必要修缮，整幢使用，体现休闲、旅游功能。

第三，通过解除租赁关系，实现对文物保护单位的保护。在这方面上海市进行了一些有益的探索，其中以团中央旧址改扩建项目为代表。上海市卢湾区淮海中路 567 弄（渔阳里）6 号是中国社会主义青年团中央机关旧址。旧址为一幢二上二下老式石库门建筑，楼下是教室，有课桌长凳。楼上厢房是刘少奇、任弼时等人的宿舍，客堂楼上是团中央办公处。在这幢房子里还有杨明斋创办的华俄通讯社，上海最早的工会组织机器工会发起时的会址也设于此，为全国重点文物保护单位。因该处房屋年久失修，且房屋狭窄，难以承担日益增多的参观人流，为更好地开展青少年爱国主义和革命传统教育活动，经上海市城市规划管理局批准，卢湾区政府于 2002 年 8 月至 2003 年 4 月对团中央旧址进行了整修、扩建，涉及解除租赁关系的居民共 13 户，改扩建后的团中央旧址尽可能保持了原有的风貌及建筑轮廓。

5. 带动市政和环境建设

通过旧区改造，中心城区的市政交通基础设施和绿化环境建设都有了深刻的变化。以天津市为例，2008 年，天津市以迎奥运为契机，开展了市容环境综合整治“一三五”工程，重点对奥运火炬传递线的道路进行了改造。2009 年，新一轮市容环境综合整治完成了水上公园、人民公园、中山公园、河东公园、金刚公园、南翠屏公园、睦南公园和二宫公园等八个重点公园的升级改造。2010 年奋战 300 天市容环境综合整治中，增加了对 43 个公园的提升改造，总面积达 456 万平方米。另外，道路绿化和社区绿化也给老百姓的生活带来了更多的绿色。

第八章

我国城市更新理论的发展历程

从时间上看，我国的城市更新研究比欧美国家晚。新中国成立后，我国大力发展生产力，着重城市建设，城市更新相关理论和实践探索开始发展。我国的城市更新有着自身的复杂性和特殊性，总的说来，经历了四个阶段。

1. 起步期（新中国成立初期至改革开放前）

1949年3月中央七届二中全会提出“重建国家”的政治目标和1953年开始实施的“一五”计划，明确以城市和生产建设为中心，党的工作重心从农村向城市转移，优先发展重工业。在工业发展的带动下，我国主要城市的规划改造和重建有了新的发展。1958—1978年，我国城市规划建设基本处于停止状态，新的城市建设项目很少，一些城市文化古迹遭到破坏，城市居住和公共设施条件恶劣。在这一时期，改善居住条件和治理城市环境成为当时城市建设中最为迫切的任务，城市更新开始发展。

2. 摸索期（改革开放后至20世纪80年代末）

1978年12月我国实行改革开放，城市经济迅猛发展，城市建设明显加快，大量农村人口进入城市，但长期落后的城市环境和城市建设滞后。在这一时期，全国各城市出现了有规模的危旧房改造，比如，北京的菊儿胡同改造，合肥的寿春路和金寨路改造等。1984 年和 1987 年建设部分别在合肥和沈阳召开了两次全国旧城改造经验交流会，对全国各城市的更新改造工作起了积极的推动作用。

3. 发展期（20 世纪 90 年代初至 20 世纪末）

20 世纪 90 年代后，我国继续深化改革开放，社会主义市场经济体制逐渐完善和确立，国民经济水平不断提高，城市居民对生活环境的要求提高，地方政府利益主体逐渐确立。在房地产市场的带动下，城市更新改造在全国范围内大规模地推广开来，更新改造加速，城市居住条件明显改善，使城市面貌焕然一新。在这一时期，城市更新是房地产开发带动、政府参与合作的改造模式，有力推进了城市更新的加速发展。

4. 快速发展期（2000 年以后）

我国城市化水平的快速发展，城镇居民收入和生活水平的快速提高，促进我国房地产行业的高速发展，城市建设和城市面貌发生了巨大变化。全国各城市的更新改造规模不断扩大，出现大规模的危旧房、城中村、旧工业区等旧城区改造热潮，形成了各具特色的改造模式。以政府为主导，市场化运作的改造模式，带动了全国各城市的更新改造快速发展。

表 5-1　不同历史时期中国城市更新的主要特点

阶段	城市更新模式	城市更新特点
1949—1965 年	计划经济时期，恢复国民生产的城市规划	工业建设主导城市建设
1966—1976 年	曲折建设	近乎无序的城市开发

续表

阶段	城市更新模式	城市更新特点
1978—1980 年	经济建设转型期，城市改造体制重大变革	城市更新、旧改
1990—2000 年	市场化体制确立	城市改造与重建
2000 年至今	快速城市化、多元化，综合更新改造	城市更新与城市改造

资料来源：《当代中国》。

第九章

我国城市更新理论的特点

1. 城市化借助于城市更新是“中国特征”的世界性难题

城市更新的“中国特征”导致中国城市化不仅表现为像西方国家一样的城市规模迅速扩张膨胀，而且伴随着对已有建筑的大规模拆迁。城市化借助于城市更新，即城市化向已有建设用地寻找出路，在已有建设用地上提高集约化程度，其过程必然是拆旧建新。在我国的一些城市，特别是经济发展较快的城市，除名胜古迹之外，40年以上的建筑已不多见，30年以上的建筑已拆迁过半，20年以上的建筑开始拆迁。社会财富浪费严重，引发公众不满，城市发展以对旧城不可容忍的毁灭为代价。

城市化发展大趋势不可逆转，城市化借助于城市更新不可改变，在这两难选择中如何解决社会存量财富与社会增量财富之间的矛盾，如何以最小的代价推进城市化和城市现代化是我们面临的一个新难题。

2. 城市公共品的供应和资源配置

在我国的城市化进程中，上学难、上学贵、看病难、看病贵、住房难、房价高、交通堵塞以及已经出现或将要出现的城市缺水、空气污染等阶段性难题依次出现，递进叠加，一个难题没有解决，其他难题又逐步显现。

我国处于经济转型期，在转型过程中，农业、工业、交通运输业等整个国民经济的各个环节均引入了市场机制，发展市场经济，取得了巨大成功。发展市场经济的成就使人们自觉不自觉地患上了“市场崇拜症”，市场机制成为一些地方政府解决困难问题的“灵丹妙药”，一些政府应当承担的责任被推向了市场，试图让市场机制履行并承担政府应当承担的责任。学校、医院、公交站点、绿地等诸多公共品的配置和供应，决定着周边地价、房价的高低，决定着区域经济的发展走向，也决定着下一轮或下一层次城市问题的出现和解决，城市公共品的供应和配置是我国目前城市更新研究的深层次问题。

3. 城市更新与体制转型下城市规划的科学性和权威性

一是科学性是权威性的基础，城市规划缺乏科学性也就不应该有权威性。没有科学性的城市规划如果具有权威性，就会造成城市更新的更大浪费。二是具有科学性的城市规划，必须保证其权威性。科学的城市规划是城市更新的“宪法”，是城市有机体新陈代谢、逐次更替的准则。我国现阶段存在的问题是：一方面现有城市规划体制致使城市规划难以保证其应有的科学性；另一方面城市更新不断打破城市规划，致使城市规划跟随城市更新反复不断地调整，失去了最基本的权威性。这是目前我国城市更新效率低下、社会评价低的基本原因之一，也是转型期“不确定性”状态下城市更新面临的新课题。

4. 城市更新与就业

中国与其他许多发展中国家一样，失业压力和就业任务十分繁重。城市化进程中转移出的大量农村人口需要在城市发展中解决其就业问题，每年各级各类职业学校和普通高校的毕业生，多数需要靠城市产业发展实现就业。城市化发展借助于城市更新，这决定了城市更新在社会就业中的地位。

目前，城市更新助推房价急剧走高，演变成为“驱贫引富”潮流：一是低收入的原住居民承担不起更新后的高房价而外迁，高收入者因环境变好而迁入；二是原有商户和小企业承担不起更新后的企业高成本而外迁，大企业因良好的商业氛围而进驻；三是原有街区的很多商户和居民是一体的，亦居亦商，城市更新对他们来说是停业、外迁和失业。这几年城市更新中的许多群体性事件皆是因此而生。因此，城市更新必须有配套的社会政策和就业措施，城市更新中的失业、就业问题事关社会的稳定。

我国城市更新中相继出现的诸如此类的重大问题，在一些新兴市场经济国家、转型国家和将要崛起的发展中国家或多或少地存在，具有共性，但西方发达国家城市更新时却不曾遇到或不曾出现，没有现成的经验和理论可以借鉴。解决城市更新的这些实践难题，既是我国城市更新研究的使命，也是取得国际“话语权”的突破点。

第十章

我国城市更新的实践与经验

（一）大城市中心城区的更新逐渐成为热点

依据我国城市（市镇）设置的标准，非农业人口达到 50 万 ~ 100 万是大城市，而 100 万人以上是特大城市。根据城市的区域功能和经济发展，又将国内大城市（包括特大城市）分级为一、二、三线城市，作为国家、区域和市镇城市群体系的中心。中心城区是大城市政治、经济和文化的中心。《中国大百科全书》对此的描述为：城市公共中心是供市民集中进行活动的地方，往往集中体现城市的特性和风格面貌。可见中心城区的功能结构应是城市的行政、商业、服务、文化和信息中心，集中体现城市的综合实力和社会经济发展水平，承载经济运作和市政管理功能。如从凯文·林奇的城市意象理论去理解，中心城区往往是城市主干道的汇集之处，它的边界是模糊的，它具有一定的区域范围，包含城市的节点和标志物。伴随着人口和工商业的集中，中心城区具有中心性、密集性、复合性、高价性、历史性和制约性。

目前我国相当数量大城市的中心城区是建设在历史旧城的基础

上，张钦楠在《特色取胜：建筑理论的探讨》（2005）中结合中国社会发展提出中国建筑特色是“用贫资源塑造高文明”。这一点在历史城市特色和旧城中心区的更新中体现无疑，无论是北京四合院还是上海里弄，一方面旧有的居住为主的功能和结构很难适应现代化城市的发展，基础设施需要改造，道路需要拓宽；另一方面，其所蕴含的文化已成为宝贵的历史财富，需要保护其真实性和完整性。可见，城市功能和结构的滞后以及对其重置的迫切需求是迫使中心城区更新的内力，而鱼与熊掌常不能兼得。

从土地经济学的角度，对单中心城市而言，其与市中心距离递增的同时区位聚集利益递减，地价决定了土地利用的深度。在城市发展和转型的过程中逐步形成了多中心的格局，原城市中心的资源聚集程度被疏解，如不重新进行规划更新和局部调整，会造成城市功能不景气甚至衰退。另外，新城（新区）和开发区的建设也会改变城市固有的空间结构，能够为城市中心城区的更新、人口疏解、功能疏散和产业升级等方面创造条件。可以说，多中心格局的发展和新城、开发区的建设是促使原有中心城区更新的外力。

（二）街区规模的城市更新将成为今后国内城市发展的重点问题

以北京市为例子，自2001年以来，北京市危旧房改造采取多种形式，累计拆除危房近400万平方米，30余万户居民解决了住房困难，并且相应改善了城市的基础设施和环境状况。2004年以后，随着旧城区各项“保护规划”、《北京城市总体规划（2004—2020年）》以及《历史文化名城名村名镇保护条例》等一系列法律、法规出台，旧城区加大了整体保护力度，停止了大拆大建的工作方式，代之以微循环、解危排险、房屋保护修缮等多种方式。2010年，市政府将首都功能核心区人口对接安置与保护性改造作为工作重点，通过提供定向安置房、对接保障住房及货币补偿等方式，鼓励人口外迁，改善居民住房、生活条件。与此同时，门头沟采空棚户区、通州老城区、丰台南苑棚户区“三区三片”以政府为主导的棚户区改造进展顺利。

根据北京市住建委危改办公室2010年11月的统计数据，北京市共有危改项目 90 个，涉及未拆迁居民 9.2 万户。按照改造方式划分，房改带危改 37 个，开发带危改 53 个；按照地理位置划分：东城、西城两城区内危改项目 58 个，涉及居民 5.56 万户，其中已经落实安置房源 1.33 万套；其他近郊区、远郊区县危改项目 32 个、涉及居民 3.6 万户。

目前国内大部分一、二线城市的规划形成于 20 世纪 60 年代之前。新中国成立后第一个五年计划用了三年时间进行初步研究，然后又用了两年进行正式的标准制定工作，在数据和经验比较匮乏的时期上马建设，受到苏联规划专家的援助，注重城市整体的形式，以城市街区为基本设计单元，在城市中心设置低容积率的用地，这已经不能适应当今的城市发展需求。1958 年“大跃进”时期，城市加速发展，城市布局中工业用地规模较大，这个时期“又快又好”建设起来的工厂、住房、学校等民用建筑在今后的几十年内面临大范围的改造，一方面因为建筑的使用年限比较长，另一方面其设计标准和死板的形式不能再满足现代生活的需要。

未来，国内城市更新将出现新的高峰，城市将面对历史文化街区保护与改造、城市风貌保护等复杂问题以外，城市危改、棚户区改造、工业遗产改造再利用、城市再开发将带来一系列的城市更新活动。因城市管理体系，城市分为区、县，再下一级基层城市管理机构为街道、乡镇，我们进行城市更新，拆迁安置的成本巨大，并极易引发社会矛盾，从城市管理体制、安全维稳因素、可操作的资金额度三方面来看，国内的城市更新将主要以街区为基本单位来进行策划、设计、实施和管理。

（三）大项目、大事件带动城市更新

大项目带动型城市更新（Large - project - promoting Urban Renewal）是以点带面地通过具有重大影响力和现实意义的大型项目带动城市更新的过程，地方政府能够合理把握和运用内外部的资源与机遇，并实现城市经济、社会的全面发展和进步。

所谓大项目没有明确的规模限制，这些项目需要巨额投资并预期能够产生巨大的经济效益，并具有深刻而广泛的社会影响力，可以说是“名利双收”的城市建设策略。一些大项目属于聚集型的大规模功能区产业园区的建设，例如位于波士顿南城的创新功能区（Boston Innovation District）的规划和建设；有的大项目随“大事件”而来，并成为大事件的载体，比如北京奥运会，上海世博会，西安世园会等。

以上海世博会为例，其建设就是城市更新与会展后土地再开发的结合，在用地范围内有7处近代优秀历史建筑并得到了妥善保护，江南造船厂、上钢三场、南市发电厂等部分老工业建筑被保留并改造为世博会展馆，部分启用的办公楼和宾馆等辅助会展功能的建筑也由区内老建筑改造而来。根据《中国2010年上海世界博览会注册报告——后续利用的初步计划》的精神，在土地的后续利用上，园区总用地中40%的土地将根据城市总体的发展作出进一步的规划利用，预期2020年完成后续再开发主要项目建设。世博会为上海带来的房地产经济效益不容忽视，2002年成功申办世博后，上海房价快速增长。这就是通过大事件带动城市整体经济发展的例子。上海借机完成了土地征收、一级开发和二级开发，以高额的经济收益支付巨大的基础设施建设和土地征收补偿费用，完成了市政建设、经济发展、产业结构调整的全面升级，提升了城市的国际形象和竞争力。

另外，大的社会活动尤其是节事活动往往可以起到调和社会矛盾、促进社会团结的效果，给更新工作带来一定的便利和社会推动力。

（四）城市更新中的公众参与日益增加

“规划选择理论”的提出（Davidoff，1962）和在此基础上形成的“倡导性规划”使得20世纪60年代末形成了英、法、美、德等发达资本主义国家公众参与城市规划的局面，并以立法来保障其先后建立起来的城市规划中的公众参与制度。20世纪90年代初，公众参与城市规划的概念开始由西方国家介绍到国内的规划系统，多年以来，以北京、上海、深圳等大城市为代表的大中型城市开始尝试并逐步实践把公众参与引入城市规划的方式和方法。

随着市政管理部门权力公开的推进，公众参与和监督逐渐渗透到城市规划建设的领域，使公众参与在城市更新中越发重要的因素有以下两点。

一方面，欧美国家在大拆大建为主的城市更新运动之后转向提倡社区参与的更新模式，意在保留原有社区的文化、网络和结构，这种模式正逐渐被国内城市尤其是居住区更新采用。

另一方面，把公众参与作为获取信息的渠道，才能对旧城的价值做出更加全面的判断，参与模式的更新也能够更容易获得市民的理解和支持。同时，公众参与是对城市规划制定、修改和实施的良好监督，对监督更新规划是否保留和发扬了城市文化、是否维护了社会公平和和谐会起到不可替代的积极作用。例如，广东省从2009年起推出了一系列关于“三旧”改造的政策意见，以深圳市为例，2009年即颁布《深圳市城市更新办法》，2012年印发实施《深圳市城市更新办法实施细则》，进一步明确了对城市更新的分类实施的方法。其中城市更新单元规划应当依法进行公示，征求意见，并进一步明确了公示主体、公示期以及公示意见处理方面的要求，虽然实际操作下《深圳市城市更新办法》需要各区县进一步深入细化，但它在指导纲领上确认了公众参与的必要性。

以北京市为例，根据2011年颁布的《北京市国有土地房屋征收房地产价格评估机构选定办法》，测算被征收房屋的补偿价格的房地产价格评估机构，经过区县房屋征收部门审核通过并公布后，由被征收人来协商选定，如协商不成功，区县房屋征收部门可以采取投票方式，依据多数人意见选定评估机构，也可采用公开摇号方式随机选定。拆迁户可以采用协商和集体投票的方式自主选择房屋评估机构，是内地大都市领域城市更新土地动迁过程中公众参与程度提高的重要体现。

2013年1月，“北京市东城区菊儿社区公众参与社区规划实践项目”在2012年联合国人居署“迪拜国际改善居住环境最佳范例奖”的评选中获得“全球良好范例”称号。项目的缘起是东城区规划局“规划进社区”的课题，由居民参与社区活动用房的规划和具体设计。其中起到主导作用的机构包括市区与街道的管理服务部门

“北京市东城区规划分局”和“北京市东城区交道口街道办”，以及非政府组织“社区参与行动服务中心”。虽然是规模很小的参与式规划，但得到了社区居民的赞同和热情参与。类似的社区范围的公众参与活动还包括北京市西城区在2012年开展的“最美街巷、最美院落、最美小区、最美阳台”评选，一方面是对城市环境更新进行“自下而上”的使用后评估调研，另一方面是在城市整治的领域促进居民自觉自发完成微环境治理和提升。

从城市更新的现状和发展趋势来看，公众参与将逐步成为更新政策中不可或缺的一部分。目前其影响城市规划和促进社会公平的作用还有待加强，需要进一步建立完善的公示制度以及促进非盈利团体、社会组织、设计咨询机构和政府管理部门合作等方面付出努力，以避免公众参与沦为一种宣传方式或者成为一种象征性的公众参与表演。

实践篇

城市更新操作细则——以深圳市为例

第十一章

深圳市拿地研判策略

2010—2016年，深圳旧工业区城市更新（旧改）项目超过600个，但是通过专项规划的仅有200个左右，开工建设的更是少之又少，项目推进速度较慢。除政府及开发商原因外，项目自身或多或少也存在一些问题。更有甚者，有些项目甚至让开发商掉入一个陷阱，最终拖累、拖垮公司。

本节通过投资研判六大维度，全方位解析项目各阶段可能存在的风险并给出解决或优化策略，助力开发商扫清障碍并快速拓展、更新项目。

（一）六大维度之一——申报立项及更新潜力

申报立项及更新潜力包括但不限于范围界定、权属核查、年限确认以及相关查询等（见图15-1）。

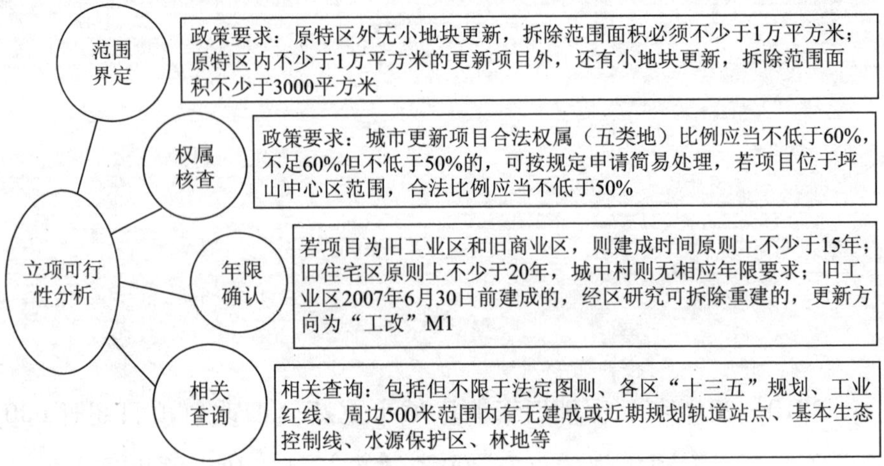

图 15-1　立项可行性分析

（二）六大维度之二——发展功能及指标研判

规划指标除严格执行《深圳市城市规划标准与准则（2014）》《深圳市城市更新单元规划容积率审查技术指引（试行）》等政策计算出基础建筑面积、转移建筑面积和奖励建筑面积之外，还需对项目的规划远景进行预判，防止信息不对称造成损失，如新近开展的内部规划、片区统筹规划和未来可能存在的变数等（见图 15-2）。

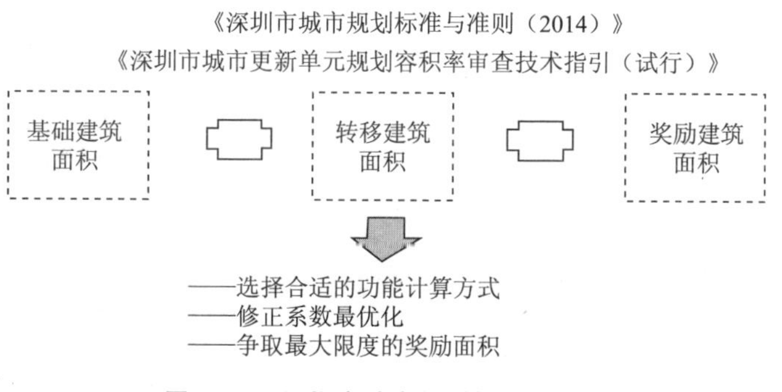

图 15-2　深圳市城市规划标准与准则

（1）居住用地、商业服务业用地容积率：FAR 规划 = FAR 基准 $\times(1+A_1)\times(1+A_2)$ …

式中，FAR 基准为密度分区地块基准容积率；A_1、A_2 为微观区位影响条件修正系数。居住用地地块仅选取其中最大值修正。

（2）工业用地、物流仓储用地容积率：工业用地地块容积率上限宜按《深圳市城市规划标准与准则（2014）》的规定执行，下限应满足《深圳市工业项目建设用地控制标准》要求。物流仓储用地地块容积率上限宜按深圳标准规定执行，下限应满足《深圳市物流项目用地规划建设控制标准》要求。用地分类如图 15-3 所示。

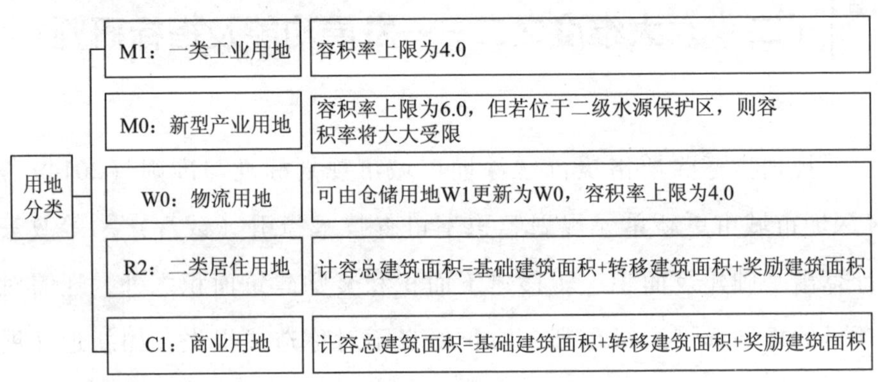

图 15-3　用地分类

（三）六大维度之三——实施路径及拆迁评估

基于项目现建筑量、物业类型、权利人情况等，调研周边区域拆赔标准，对项目整体还迁量进行预估，综合评判项目拆迁难度。从调研区域拆赔标准、整体还迁量预估、综合评判拆迁难度三个方面，解析项目拆迁的可行性，并针对问题提出应对策略（见图 15-4）。

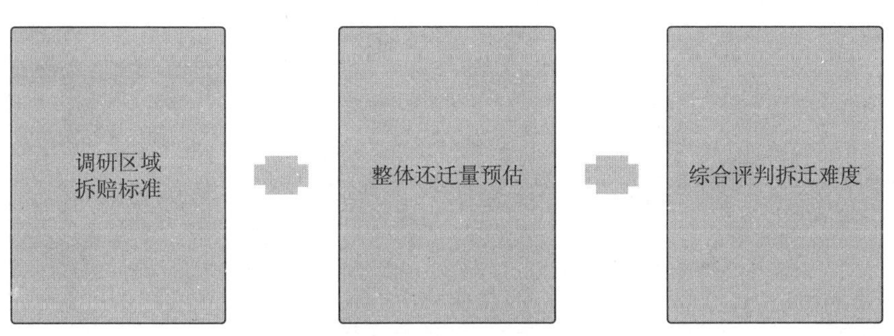

图 15-4　实施路径

（四）六大维度之四——项目定位及市场价值

针对项目周边相同或类似物业进行调研，包括租售价格、去化速度、入住率、客户构成、典型案例、未来供应等，推算项目建成后投放市场时的各物业价格；基于项目情况和周边市场调研，对项目形成初步定位。

（五）六大维度之五——投资效益及融资方案

城市更新项目的经济收益测算较为复杂，尤其是成本和税费的计算。经济测算是项目开发的结果，可以通过比较多个测算方案，选择最合适的规划方案，并通过经济测算对项目进行科学合理的估值，提前预知项目价值，把控风险经济收益测算的关键指标（见图 15-5）。

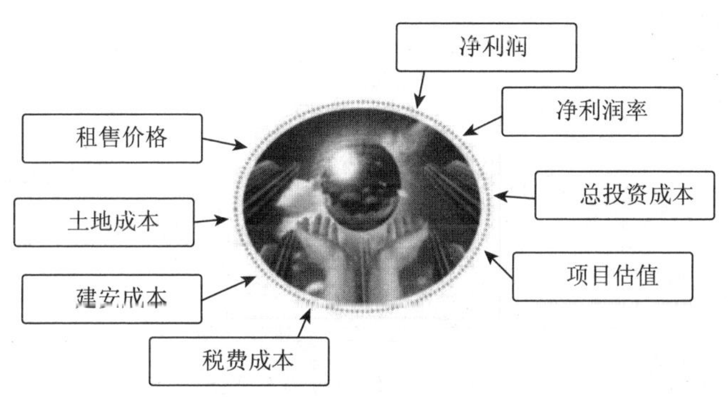

图 15-5　经济收益测算的关键指标

城市更新工业地块改造（工改）项目除上面提到的经济指标外，还需对项目进行动态分析，主要包括项目财务成本、净现金流等。

（六）六大维度之六——风险控制及交易框架

项目合作交易的实施主要包括合作模式、对价支付节点设置、项目开发路线图、时间表预估及融资前置等（见图 15-6）。

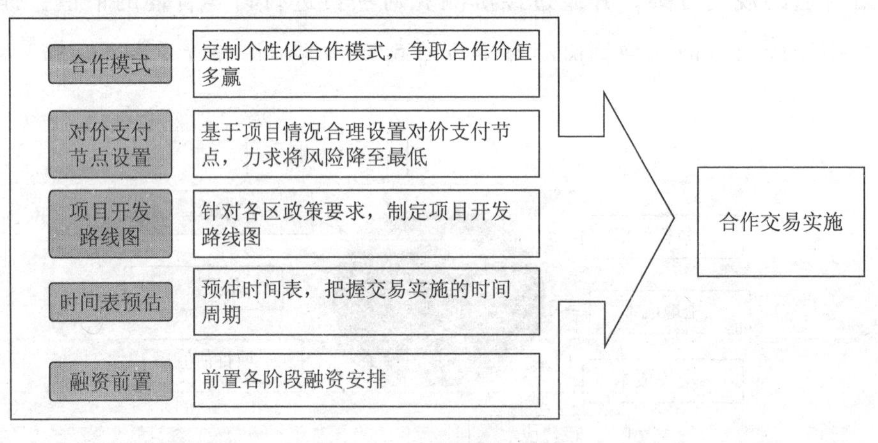

图 15-6 合作交易实施框架

对价支付节点设置主要分两种情况考虑，位于龙岗区和坪山区的项目因风险较其他区更大，前期对价比例可适当降低；其他各区则可根据项目情况适当提高前期对价支付比例（见表 15-1）。

表 15-1　相关案例分析

案例：龙岗区某项目对价支付节点设置				
类别	序号	工作内容	金额（万元）	支付节点
收购对价及倍数	1	借款（项目前期开支）	3000	三会表决后支付
	2	集体资产合作意向书签订支付保证金	10000	—
	3	项目公司投权收购对价	10000	项目公司股权收购合同生效后，同时抵扣借款
预付合作对价	1	支付给合作方的预付合作对价	5000	项目公司 100% 股权变更至购买方公司名下
	2	支付给合作方的预付合作对价	5000	项目公司到街道办备案登记
城市重新审批流程	1	非农指标费用	20000	—
	2	计划、规划申报	—	—
	3	集体资产合作开发交易及备案程序所涉费用	30000	集体资产合作开发平台交易完成 5 日之后
	4	开展搬迁补偿协议谈判签约及完成建筑物搬迁拆除工作涉及的工作经费、项目范围被搬迁房屋本体补偿除外的一切补偿费用（如临时安置费用、搬迁费、装修装饰补偿费、停产停业损失、擅改商补偿、清租费用等）	30000	补偿安置协议签订后、建筑物拆除前
	5	办理土地证	60000	办出土地证后或签署土地合同
	6	办理房地产预售许可证	80000	办出房地产预售许可证后

第 十 二 章

深圳城市更新拆迁谈判工作

随着改革开放的持续推进和经济水平的不断提升，深圳市容市貌随之不断变迁。受土地面积等众多因素制约，城市更新逐渐成为深圳保持快速发展的重要一环。

城市更新工作中最核心的实操环节包括确权、签约和谈判。确权和签约的准备是谈判的基础，谈判过程的难易程度，取决于前期准备工作的优劣。虽然谈判的结果直接影响项目能否正常开展，但在城市更新工作中不能过于强调谈判，而是要将确权、签约和谈判三个问题统一考虑。加强前期准备工作，有助于降低后期谈判难度。我们这里重点分享确权工作。

1. 确权政策的解读

深圳强区放权后相继出台了一系列新政，土地建筑物核查确权的环节，由原来的办理计划申报，方能申请土地建筑物核查确权，待完成核查确权，根据核查结果完成专项规划编制，才能做专项规划，调整为计划申报、核查确权、专项规划申报三个工作同步进行，这样大大提高了申报主体和审批部门的效率。

2. 处理“用地不足”的有效方式

一是做旧屋村认定；二是对符合“两规”① 的房屋完成“两规”的处理，增加合法用地的比例；三是试调非农业用地。

3. 核查用地类别和建筑物状态的合法性

计划申报阶段，审批环节的核查确权实际上是按照权属信息，如早期的土地出让合同、早期的招拍挂文件，以及农村的红线图或者非农用地批复等原始资料，由地籍部门核实信息，确定项目用地情况和建筑物登记的具体情况，审批阶段的核查确权只能核实地籍部门或政府主管部门有资料的部分。也就是说，城市更新过程中存在大量无产权的房屋，或者是村里不属于合法用地的这一部分，没办法核实实际的权利主体。实际上，审批核查确权工作的主旨也不是确定权利人，它的主旨在于核实用地和建筑物的合法性。目前集体资产处置规定和监管力度的不断加强，对项目确权带来一定的影响。如城中村项目中最典型的是工厂主租赁村集体土地进行建设后房屋补偿的问题，按土地建筑物核查，分两种情形，一是属于农村红线范围，二是其本身便是非农建设用地。其中，第二种土地属于村里的集体资产，做集体资产评估和对村集体补偿谈判时，这部分是要补偿的。地上建筑物若是工厂主出资建设的，工厂主对房屋本身是有权利的，由工厂主实际使用或租赁。待清空房屋后，就需要工厂主配合，开发商将面临对村委和工厂主两方进行补偿的问题，有时会出现村里与工厂主就建筑物的权利或者补偿问题存在争议，集中体现在早期签订的土地租赁合同年限较短，开发商进行城市更新时，租赁年限即将到期，村委和工厂主针对补偿的争议就此爆发。

① “两规”指的是《土地利用规划》和《城市总体规划》。

4. 法律法规在城市更新确权工作中的运用

除《深圳市城市更新办法》《深圳市城市更新实施细则》等指导性的法规外，在确权时更多使用的是基础法律文件，如《物权法》《婚姻法》《合同法》《继承法》等。在实际的确权工作过程中，时常会遇到权属争议或权属不确定的情况，需要进行具体分析。

（1）《物权法》中需要关注的问题：通过原始取得的或者继受取得的所有权问题和物业实际控制人对更新工作影响的问题。通过举例分析，如张某为房子的登记权利人，但因债务问题，房子被查封拍卖，李某通过法院拍卖流程取得了该房子，拿到法院裁判文书。对房子进行确权时，工作人员在登记中心查了底档，发现房子的权利人仍是张某，但实际上从确权的角度考虑，工作人员应与李某签署合同，才符合权属确认的规定。但在实际环境中，仍需判断现在房子的实际控制人，为了预防风险，工作人员需协助李某完成权属变更登记工作，做好风险最小化的方案。

（2）《婚姻法》中需要关注的问题：对于共同财产和个人财产确权的问题。

在明确房屋登记权利人时，需要明确夫妻双方的婚姻状况以及房屋是否涉及共有财产的情况。如夫妻双方处于离异，或者是对旧改的争议非常大，如果我们只跟其中一方签订协议，则协议有可能存在效力问题。

另一个关于家庭共有和合作伙伴共有的无产权的房屋确权，当遇到房屋产权属于父辈或祖父辈，在回迁分配名下物业给其儿女时，需要仔细考虑产权赠予行为与其子女因婚姻关系产生的共同财产问题。在处理该类情况时，要收集到合法有效的所有权分配文件，要特别注意是否存在子女婚内赠予的情况。如有的老人会在签署协议时向开发商提出，要求房产回迁登记时只能登记在其儿子名下，儿媳妇不能拥有回迁物业。开发商此时需要考虑婚内赠予的问题，在办理产权登记时，其儿媳妇也将拥有物业的一部分。

关于使用权人，核心是承租人和居住权人的问题，如城市更新老大难的清租问题、居住权人最终利益要保障等问题。深圳许多早期的住宅小区都存在原有职工对这个房屋享有居住权，但房屋登记在公司名下的问题，从权属确认的角度来看，权利主体是公司的，但最终拆迁过程中开发商要保证职工或者职工配偶的居住权益，谈判方案和签约策略都要基于这个情况进行调整。

（3）《继承法》中有两点必须注意：一是关于继承顺位的问题，在出现继承房屋被拆迁的情形时，必须确认拥有合法继承权的人的数量，以及顺位继承的人员情况。例如，老张有三个子女：大儿子、两个女儿。大女儿在老张过世之前就已经去世，大女儿有一个儿子，于是大女儿的儿子和老张的大儿子、小女儿三个人都成为第一顺位继承人。在这种情况下不能跟着民俗走，尤其是不承认女儿拥有继承权的民俗，女儿没有继承权只有在女儿公证做出放弃继承权声明的情况下才可以实现。二是关于核实遗嘱效力的问题，尤其是关于自书遗嘱的形式问题，自书遗嘱必须是由立遗嘱人亲自笔写，并签名确认后，方能具备相关的法律效力。

5. 确权工作应当贯穿整个项目

确权具体包括项目审批的核查确权、搬迁补偿确权以及回迁房登记等各个环节。

6. 搬迁确权的操作实务

计划申报有三个重要的工作内容，即资料收集、意愿征集和专项规划编制。其中资料收集是确权的核心。收集的资料主要包括两类：一是权利人（共有权利人）的身份证明材料；二是关于产权的证明材料。

（1）明确权利人（共有权利人）的身份证明材料，包括业主的个人信息、家庭信息、联系方式、婚姻证明等信息。这些信息有助于开发商掌握业主的基本情况，建立双方的信任关系，也为将来的谈判打下良好的基础，降低谈判风险。

（2）产权的证明材料。包括土地以及建筑物的权属证明材料。土地的权属证明资料，如旧工业区收集的出让协议，或者政府划拨土地的文件，或者村委早期批文，部分土地权属证明资料需到国土部门调取。建筑物的权属证明资料，对于一般的业主来说就是房地产证，对于村委来说就是收集“两规”申报的回执，或者早期建房批文等。

7. 关于土地建筑物核查的问题，主要是核查用地情况

村集体资产处置的问题，对土地需要评估，现在所有村集体的补偿都需要通过集体资产处置流程，不能漏掉需要纳入村集体评估范围的土地，或者是建筑物，或者是其他任何资产。在处置资产时，资产评估报告以村集体的名义开展，经常由开发商进行具体操作，哪些纳入，哪些不纳入，这些判断都很重要。确权时，核心要关注的是拆除范围是否有国有未出让或者征转未完成的土地，需要根据核查确权的批复文件进行判断。

在早期协议制订和谈判过程中，要关注村委会有无完成征转手续或者是否存在已征未转的情况，村委会需要配合完成相关协议的签署。若到用地审批环节才意识到征转问题，再让村委会签署协议，

必然要付出额外的成本。此问题必须在前期处理完成，如果村委会不积极配合该工作，开发商可以从回迁物业或货币补偿款方面采取一些措施来进行约束。

8. 关于权属登记的问题

一是有权属登记的，需要注意借名买房的问题，必须以登记信息为准。二是遇到房改房[①]的问题，有房地产登记，还是要以登记为准，房改房、借名买房是不具有合理性的。三是没有权属登记的情况，从现在的城市更新项目来说，可行的操作方案较多，无权属登记的房屋要考虑判断基准或者判断步骤的问题，如果房屋有早期报批报建文件，先以报批报建上面的名字为准来判断产权人；如果没有报批报建文件，可结合房屋的占有情况来进行权属的认定，找准物业的实际控制者。四是对于占有情况，可以通过收集一些资料，确认房屋占有人。如去街道办或居委会查询这套房近 10 年的居住登记情况，这是占有情况的重要依据。还有水电、煤气、物业管理费，村里也会有村集体、股份公司征收物业管理费，在不排除有承租人的情况下，查看这些物业管理费由谁交纳，如果有租赁，出租人是谁，这也是一个十分重要的房屋占有情况判断依据。如果发生了继承或者离婚，或者存在公证的遗嘱、判决书的情况，核心就是裁判文书，要以裁判文书为准。

9. 关于被搬迁房屋面积的确认问题

有三方面内容需要确定：一是权属，这是最核心的；二是面积；三是用途。面积和用途主要影响到两个环节，一是补偿方案的制订；

① 房改房，是 1994 年国务院发文实行的城镇住房制度改革的产物，是我国城镇住房由从前的单位分配转化为市场经济的一项过渡政策，现如今又可以叫做已购公有住房。

二是最终签补偿协议书时的补偿金额或补偿事项的确定。面积确认的原则，如果有产权登记证，以登记信息为准。没有登记或者超过登记的部分需以测绘报告为准。设置一个争议处理的时间和空间是处理该问题的核心。用途确认的问题，基本上按照项目中物业的现状进行认定，但需要约定补偿标准。

第十三章

深圳城市更新实施主体的确认与监督

城市更新实施主体确认的政策解读

关于城市更新实施主体确认的相关政策性文件，在强区放权之后，各个区都在做自己的城市更新项目实施办法，福田、罗湖、盐田已经颁发文件，龙华、大鹏、南山、宝安等还处在征求意见稿阶段，所以各个区的具体操作会不一样，但是实施主体确认环节在《城市更新办法实施细则》（以下简称《实施细则》）中已经规定，核心要求实质上没有大的变化。

相对而言，实施主体确认流程不是特别复杂，首先，进入实施主体确认的两个前提条件，一是项目的专规要获批，二是形成单一主体。其次，由单一主体向区城市更新局提交申请资料，申请实施主体资格确认，主管部门进行审查，审查通过后继续走后续程序。后续需要做相应的公示，即开发商申请实施主体确认的信息要进行公示，以确定其他主体是否有异议。如果有异议要及时处理，如无异议，公示完毕后要签署实施监管协议，核发实施主体确认书，拿到实施主体确认书也就完成了实施主体的确认。实施主体确认需要提交申请资料的要求是在《实施细则》里规定的，需要提交的资料主要包括以下几类。

（1）主体证明资料。包括公司主体资料、公司经营有无异常情况证明、法定代表人身份证明等。

（2）测绘报告。包括项目范围土地测绘报告、建筑物测绘查丈报告及其他证明文件。提交测绘资料一个很重要的原因就是我们要核对搬迁补偿协议当中所涉及的被搬迁户数、面积是否一致。因为有些土地和房产没有产权登记，那就只能核对它的面积，有产权登记的可以核对产权登记上的编号，没有产权登记的只能核对土地测绘面积、查丈面积。

（3）权属证明文件。权属证明文件包括有产权登记的房屋和没有产权登记的房屋两种情况，有产权登记的要提交包括红本房地产权证、绿本房地产权证、宝安的《房屋所有权证》、不动产权证、权属登记电脑查询单等在内的相关证明。无产权登记的权属证明材料，包括村股份公司出具意见，街道办、社区工作站出具的意见，内部权利证书，买卖合同、付款凭证、证明等。

（4）权属公示相关文件，包括原土地所有权人出具的权属证明意见、公示异议相关材料、对公示异议处理的相关材料。没有产权记录的情况，在村股份公司、街道办、社区工作站核查之后要去做公示。

第 十 四 章

深圳房地产、城市更新股权基金架构

（一）房地产私募股权基金概述

1. 背景介绍

房地产开发企业的融资手段主要有三种：一是外部债权融资，主要包括银行贷款、债务性信托、债券融资等；二是外部股权类融资，主要包括 IPO 上市、合作开发、房地产私募股权投资基金等；三是内部融资手段，主要包括自有资金、预售房款等。

虽然融资渠道多样，但中国的房地产行业受政府宏观调控政策的影响较大，而货币政策是政府调控手段中非常重要的一部分。在去产能、去杠杆的宏观调控政策背景下，传统融资渠道受到各方面的政策性限制。

相比于其他融资渠道，不动产私募股权投资基金在项目投研、资金募集、资金投放、退出渠道等方面有比较优势。

2. 地产基金优势

（1）拓宽融资渠道。地产私募基金通过股债结合的方式为地产项目提供了一个融资方式。

（2）扩大资产规模。通过自有资金投入与地产基金相结合，能够实现对资源的获取和市场占有率的提升。

（3）提升项目品牌。通过引入有不动产开发运营全产业链背景的基金，在后续项目投后管理阶段，可以输出项目管理体系和经验，包括品牌输出，有利于提高项目管理水平，提升项目品牌溢价。

（4）投资介入阶段灵活。地产私募基金可以在不同的时间点介入房地产开发过程，如城市更新项目，项目在前期的一级开发阶段，资金需求可以通过基金来解决。

（5）通过做结构化设计，撬动优先级或中间级资金，提高自有资金的使用效率，把握项目并购机会。在城市更新市场上的优质收并购机会趋于稀缺，并购机会窗口期有限，在这种情况下更要提高自有资金的使用效率，利用更多的外部资金、资源把握机会。

3. 地产基金的法律框架

一系列法律的修订和管理办法的出台，为中国发展私股权基金创造了较好的法律环境。资本市场体系建设的加快，为股权基金的投资和退出开辟了更加便利的渠道。经济增长加快和国内资金充裕，为人民币股权基金的发展提供了市场需求和融资基础。目前国内企业盈利增长、治理结构不断完善，为人民币股权投资创造了市场需求。另外，房地产投资经验丰富的专业团队悄然形成，为地产私募股权投资基金更加专业化、规范化地投资与管理提供了人才与组织保障。

我国私募房地产基金的具体实施拥有诸多相关法律依据，但目前尚未有针对性的法律。综合性法律法规包括《中华人民共和国合伙企业法》《中华人民共和国公司法》《中华人民共和国信托法》

《中华人民共和国证券投资基金法私募投资基金监督管理暂行办法》等。另外，适用的法律法规还包括关于基金备案、基金管理人备案、资金募集、基金投资、基金合同指引等相关具体规定，如《私募投资基金募集行为管理办法》《私募投资基金管理人登记和基金备案办法（试行）》《私募基金管理人登记法律意见书指引》等。

4. 地产私募股权投资基金的定义

房地产私募股权投资基金通过非公开方式，面向少数个人或机构投资者募集资金而设立，以房地产为投资对象。

房地产私募股权投资基金通过募集投资者的基金，委托给专业人员专门从事房地产或房地产抵押贷款的投资，投资期限较长，追求稳定连续性的收益。

基金投资者的收益主要是房地产私募股权投资基金拥有的投资权益的收益和服务费用。

房地产私募股权投资基金的组织形式可以任何一个合法的集合制度形式存在，如股份公司、有限合伙公司和契约型基金。

5. 地产基金的主要类型

（1）公司型房地产基金。公司型房地产基金是以《公司法》为基础设立，通过发行基金单位筹集资产并投资于房地产的基金。其认购人和持有人是基金的股东，其认购人和持有人享有股东所应享有的一切利益，同时也是基金公司亏损的最终承担者；其发起人可以管理基金，也可以从组织外聘请基金管理公司进行基金的投资管理。

（2）契约型房地产基金。契约型房地产投资基金又被称作信托型基金，是指以信托法为基础，根据当事人各方订立的信托契约，由基金发起人发起，公开发行基金凭证募集投资者的资金而设立的房地产投资基金。其最大的特点是基金本身不是一家有法人地位的公司。契约型房地产投资基金三方当事人分别为基金受益人、基金管理人和基金信托人。

（3）有限合伙型房地产基金。有限合伙将合伙人分成两类，即有限合伙人和普通合伙人。对于有限合伙公司而言，前者是企业的所有者，后者是企业的经营者。有限合伙型房地产基金的目的是获取能产生最大现金流量的房地产，可能采取用现金购买收益型房地产的策略。投资者的目的将决定有限合伙型房地产基金投资目的以及相应的策略。

6. 房地产投资信托（REITs）

房地产投资信托（REITs）起源于美国，实质上是一种投资于房地产的基金形式。

美国的 REITs 是一种采取公司或者信托的组织形式，集合多个投资者的资金，收购并持有收益类房地产（如公寓、购物中心、写字楼、旅馆和仓储中心等）或者为房地产进行融资，并享受税收优惠的投资机构。大部分 REITs 采取公司的形式，其股票一般都在证券交易所或市场（纽约证券交易所、美国证券交易所和纳斯达克证券交易市场）进行自由交易。

根据资金投资对象的不同，REITs 可以分为抵押型 REITs、权益型 REITs 和混合型 REITs。REITs 实际上是房地产证券化产品，其中抵押型 REITs 属于房地产债权的证券化产品，权益型 REITs 属于房地产权益的证券化产品。

投资基金的运作流程即运用基金资产进行投资组合以获取收益

的过程。从房地产基金的筹集到撤资退出共分为五个阶段：房地产基金的筹集，寻找和筛选项目，对项目进行详细的评估，投资后的管理监督，撤资退出。

7. 国内地产基金发展的主要特点

中国私募房地产基金募资金额和投资金额在2013年达到了顶峰。2013年，私募房地产基金金额为10667亿元，投资金额为6316亿元，占同年房地产投资总额86013亿元的7%。中国房地产基金相较于国外市场来说尚不成熟，未来发展潜力较大。

（二）房地产私募基金募集

1. 设立私募基金所需考虑的因素

（1）设立地的选择。私募基金设立地的选择，主要与地方的税收优惠及政府补贴政策有关。此外，还可从便于办理注册、登记，对基金进行管理及运营等方面选择基金设立地。

（2）基金组织形式的选择。目前，私募基金主要有三种组织形式：契约型、有限合伙制及公司制。实践中，私募基金一般采取有限合伙制形式或契约型形式。

（3）单 GP or 双 GP。单 GP 是指私募基金合伙企业中只有一个普通合伙人，一般由普通合伙人作为执行事务合伙人管理基金投资和运营。双 GP 是指私募基金合伙企业中有两个普通合伙人，由其中一个普通合伙人作为执行事务合伙人或者两个普通合伙人均作为执行事务合伙人管理基金的投资和运营。

2. 房地产基金募集的资金来源

参照国际经验，房地产基金资金的主要来源包括：各层次养老基金、保险公司、商业银行及金融控股公司、信托、互联网金融机构、证券公司及期货公司、上市公司及现金充裕的非上市公司、富有的家庭和个人。具体募集过程中，需要考虑政策合规性与投资机构或个人的要求。

3. 房地产私募股权投资基金的募集程序

（1）确定投资方案；

（2）完成相关报告和文件；

（3）确定投资机构；

（4）确定投资协议；

（5）确定基金合伙人协议；

（6）确定基金和资产管理人之间的协议；

（7）确定投资决策程序和界定管理人权限；

（8）确定基金与托管银行关系；

（9）确定拟投资项目。

4. “4号文”出台后对基金融资的影响

中国证券投资基金业协会研究制定并于 2017 年 2 月 13 日发布了《证券期货经营机构私募资产管理计划备案管理规范第 4 号——私募资产管理计划投资房地产开发企业、项目》（简称“4 号文”）。监管层的此项举措不仅对私募基金管理人开展此类业务的影响巨大，也为下一步清理私募非标债权打下了基础。

从“4 号文”的规范重点来看，禁止私募产品通过银行委托贷款、信托计划、受让资产收（受）益权等方式向房地产开发企业提供融资用于支付土地出让价款、提供无明确用途的流动资金贷款，以及直接或间接为各类机构发放首付贷等违法违规行为提供便利。

（三）房地产私募股权基金投资管理

城市更新，是指由符合规定的主体对特定城市建成区（包括旧工业区、旧商业区、旧住宅区、城中村及旧屋村等）内具有以下情形之一的区域，根据城市规划和《更新办法》规定程序进行综合整治、功能改变或者拆除重建的活动。

由于新增土地资源价格持续上涨，而存量区域存在规划设计落后、设施老旧、管理落后等问题，中国房地产行业已经进入存量资产市场时代。尤其是在一线城市，对存量资源的改造和更新，成为地产投资的重要领域。

1. 深圳城市更新的相关背景

深圳土地开发强度已达到47%，远超国际警戒线（30%）；深圳未利用的土地仅4360公顷，占全市总面积的3%。这难以满足深圳市未来发展需要，向存量要空间已成为必然选择。

深圳市城市更新项目以相对成熟的土地一、二级联动开发模式、较低的补缴地价水平、可观的项目开发收益，成为各大开发商关注的重点。

导致深圳城市更新项目实施率低的主要原因包括：拆迁难度大，存在不确定性；审批环节多，专业要求高；资金需求量大，占用周期长；政府主导与监管较弱，开发企业前期推进不积极等。

城市更新私募股权基金，将重点解决前期专业、专项资金、政府介入职能与监管的问题。

2. 城市更新项目投资标准

优先选择符合“好地段、价格低、权属清晰、已过立项（容易立项）、拆迁简单、更新改造进度可控”等标准的城市更新类项目。

（1）具有明显的地段优势：优选位于城市中心区、商业核心区、城市规划核心区的项目，且居住氛围成熟、周边配套完善、交通条件便利。

（2）具有明显的价格优势：优选并购或开发成本较低的项目，尤其优选拆迁补偿中现金补偿少的项目。

（3）项目权属清晰：优选拟并购项目公司股权、债权清晰明确，不存在任何司法纠纷等，项目拟拆迁物业权属清晰，不存在争议。

（4）已过立项（容易立项）：优选已经纳入城市更新计划，取得立项批复或专项规划批复的项目，或虽未取得立项批复但根据有关法定图则、土地利用现状、拟更新改造方向及城市更新有关政策等判断可行性强、较为容易获得立项批复的项目。

（5）拆迁简单：优选旧工业厂房或地块现状主要为旧工业厂房的，物业权属人相对单一、现状建筑面积小的项目，拆迁复杂旧村改造项目原则上不予考虑，但拆迁简单、现状建筑面积小的除外。

（6）更新改造进度可控：优选立项、专项规划、拆迁补偿、实施主体确认及后续开发等更新改造时间进度相对可控的项目。

（7）拟更新改造方向适合：优选拟更新改造方向为居住、综合体或商业（含写字楼、公寓）的具有较高经济效益及投资回报率的项目。

（8）合作主体：在项目合作模式上，品牌开发商股权合作或小股操盘项目可以增强基金对项目的控制力。对于其他中小型开发商，应重点关注其公司实力与担保能力。

以下情况列入城市更新股权投资基金的投资负面清单，包括：

（1）拟并购项目或并购融资人担保方在全国法院被执行人信息查询系统中显示有大额债务未执行完毕或虽然执行完毕但被执行案件数量超过 10 件的；

（2）拟并购项目或并购融资人担保方涉及非法集资的；

（3）并购融资人或其担保方在央行征信系统有不良记录；

（4）因违反土地相关政策，已经或可能被相关部门列入黑名单的项目；

（5）并购融资人或其担保方存在其他重大不良记录的。

3. 城市更新私募基金投资架构

城市更新母基金的目标在于整合开发企业、金融机构、城市更新专业服务机构等资源，发挥各方优势，对城市更新项目进行评估、遴选、投资、管理、孵化，在土地入市之后退出。

（1）开发企业。开发企业指符合以下条件的企业：具有丰富的城市更新项目并购、投融资、开发、销售、运营经验；拥有完整的一级开发与二级开发专业团队，部门内部协调配合度高，事业部之间的协同性好；与政府、城市更新部门的良好合作关系；在深圳市场树立了优良的品牌形象与知名地位；丰富的旧改资源储备及优质的合作方资源储备。

（2）金融机构。这里指符合以下条件的金融机构：拥有强大的资金实力与较高的市场认可度；受托理财余额高；分支机构与网点众多，积累了一批从事城市更新领域的中小开发商客户资源；在广州、深圳等地，与政府建立并维持着良好的合作关系；信用评级高。

（3）城市更新专业服务机构。业务涵盖法律、规划、运营、投融资等核心领域，拥有丰富的城市更新项目经验；能够为项目方提供项目拓展、城市规划、行政审批、开发管理等城市更新项目全过程的咨询、顾问及托管服务。

4. 房地产基金常规决策流程

（1）项目立项。部门内部依据公司规定的投资范围、风险标准等对项目可操作性、风险性进行初次审核，形成《项目立项报告》并与风险防控部门进行沟通，将结果报基金管理公司主管领导。

（2）尽职调查。形成《尽职调查报告》，并报风险防控部门复核；尽职调查的目的是风险发现、风险控制、价值评估。

（3）风控委员会审批。基于尽职调查，形成《合规合法评价》《风险控制安全措施评价》《成本收益评价》。

（4）投资决策委员会审批。形成《投资决策报告》，对项目是否投资做出最终决策。

（5）文件完善、公司设立。进一步完善已通过风险防控部门审核的项目交易架构、法律文件，并经风险防控部或外聘律师审核，完成基金相关协议的签署，完成有限合伙企业注册。

（四）房地产私募股权基金投后管理

目前，国内房地产基金处于初级发展阶段，基金管理人没有形成规范、专业的投资流程，投后管理意识较淡薄。

1. 投后管理工作的六项原则

一是全面性。对项目给出比较全面的建议和各种专业支持。

二是适度性。针对具体项目与公司，设计投后管理工作标准与指引，核心是保障项目正常运行，基金安全退出。

三是持续性。包括投后管理人员的持续性和工作的连续性。

四是及时性。要及时提示风险，随时对接相应工作。

五是真实性。要客观、真实地做好相关信息的记录与文件归档。

六是创新性。要在融资之外增加增值服务，提升管理运营能力。

2. 投后管理工作的四大阶段

（1）投前决策阶段。投后管理部门参与项目投资决策论证，参加项目审批会议，基于投后管理视角评估项目风险，提供评审意见，为投后管理工作奠定基础。业务团队应在项目投决会前完成投后管理方案的制定，并在投资协议签订前将投后管理方案报投后管理部门审定。投后管理方案应充分体现投后监管要求，如公司治理结构、印章证照管理、资金监管、资金归集、运营节点跟踪等。

（2）工作交接阶段。投资团队将资金投放出去，而投后管理团队开始交接相关工作，项目方配合完成包括资料交接等工作，并留存相应的交接记录，交接的资料包括但不限于：

项目法律、财务的尽职调查报告；

项目风险审查报告及业务团队回复；

项目投决会投资价值分析报告及对应测算表；

项目立项会、风控会、投决会会议纪要；

委贷合同及对应的担保合同；

股权转让协议、工商变更登记；

公司章程及修正案。

（3）投后监控阶段

投资相关协议签署后，根据投资协议约定，选派驻项目董事、监事及现场管理人员。有关印章、证照等使用管理流程应由项目公司董事会审议明确或在投后管理协议中做出约定，区分一般事项和特殊/重大事项分别管理。投后现场经理应根据投后管理协议，落实账户及现金流管控要求。为保证资金的安全性，在项目公司名下应开立一个加签投后管理方委派财务总监（或副总监）印鉴的资金监管账户。投后现场经理应根据《开发项目经营计划》，以及项目公司细化的月度开发计划、成本支出计划、资金使用计划等，跟踪项目经营计划执行情况。

（4）退出清算阶段

投后现场经理应动态关注项目销售回款（或营业收入）等主要还款来源的变化情况，及时跟进了解项目公司其他还款来源实现的可能性。资金归集完成并划转至基金指定账户后，投资业务负责人组织安排股权回转、质押解除、抵押权解除等工作，同时安排投后现场经理与项目方人员完成现场管理的交接，签署交接清单，撤出现场管理。

3. 投后管理增值服务

投后管理增值服务，主要包括八个方面：

（1）为项目公司介绍优秀地产公司的管理经验，规范公司的运营管理；

（2）协助项目公司完成指定项目的经营预算和经营计划，为项目的有序推进提供支持；

（3）在项目的定位、设计、施工单位管理、工程管理策划、目标成本、开发和建造工程的节点控制等方面提供咨询服务，协助项目公司实施流程化管理，加快项目开发进度；

（4）在工程质量与安全方面引进先进的管理思路，协助项目公司制定全方位的质量和安全管理措施；

（5）在项目成本管理方面提供技术支持、经济指标对比、工程招标和采购管理、成本优化等咨询服务，协助项目公司控制项目的开发成本；

（6）在商业物业与产业地产的招商与运营等方面提供专业支持；

（7）经协商一致可以输出品牌。

4. 城市更新项目私募基金风控措施

由于旧改项目前期不能提供土地及地上建筑物抵押，项目公司股权质押不能覆盖项目风险，所以有实力的企业操盘并担保、其他物业追加担保是比较可行的措施。

（五）房地产私募股权基金退出安排

1. 城市更新基金的退出方式

（1）通过对标的项目的经营、开发、销售回款获得投资退出，或通过项目公司拆迁贷款等再融资退出；

（2）基于房地产开发企业对优质城市更新项目的股权并购或合作开发需求，由其收购项目资产或项目公司或与并购融资人合作开发形式实现投资退出；

（3）项目资产或项目公司置入其他上市公司实现投资退出，或开发企业有权选择将其项目资产置入开发企业或收购项目公司股权（地产公司对某一期基金的标的项目具有优先购买权以及随售权）。

2. 商业、办公、工改工基金退出方式

（1）传统不动产投资方式，基金持有期内优化运营，提升租金以实现项目增值，到期后通过股权转让形式实现退出并获取投资收益。

优点：运作方式成熟，如按期退出，投资回报良好；

缺点：基金退出时间固定，缺乏灵活性。

（2）按现有基金模式收购后，由后续设立核心物业持有基金出资替换现有银行融资，同时实现本项目被核心物业持有基金收购，纳入基金投资管理体系。

优点：项目统一运营管理；核心物业持有基金与不动产投资业务联动，实现业务创新。

缺点：涉及项目出售，会有税务负担，需考虑合理税务筹划。

（3）资产证券化。鉴于项目具有稳定的现金回报，适合运作收益权 ABS 类产品或在合适机会选择打包发行 REITS，实现收益兑现及轻资产运营。

优点：短期获取项目价值套现，获取稳定可控的投资回报；

缺点：相应政策及空间尚不成熟，收益水平较为有限。

参考文献

[1] Davies J S. The governance of urban regeneration: a critique of the 'governing without government' thesis [J]. Public Administration, 2010, 80 (2): 301-322.

[2] Teaford J C. Urban Renewal and Its Aftermath [J]. Housing Policy Debate, 2000, 11 (2): 443-465.

[3] Adams D, Hastings E M. Urban renewal in Hong Kong: transition from development corporation to renewal authority [J]. Land Use Policy, 2001, 18 (3): 245-258.

[4] Foundation J R. The art of regeneration: urban renewal through cultural activity [J]. 1996.

[5] Carmon N. Three generations of urban renewal policies: analysis and policy implications [J]. Geoforum, 1999, 30 (2): 145-158.

[6] Nawaz Z, O´Malley B W. Urban renewal in the nucleus: is protein turnover by proteasomes absolutely required for nuclear receptor-regulatedtranscription? [J]. Molecular Endocrinology, 2004, 18 (3): 493.

[7] Bernt M. Partnerships for Demolition: The Governance of Urban Renewal in East Germany´s Shrinking Cities [J]. International Journal of

Urban & Regional Research, 2010, 33 (3): 754-769.

[8] Bianchini F, Parkinson M. Cultural policy and urban regeneration: the West Europe experience. [J]. Cities, 1993, 12 (4): 285-286.

[9] Gómez M V. Reflective images: the case of urban regeneration in Glasgow and Bilbao [J]. International Journal of Urban & Regional Research, 2010, 22 (1): 106-121.

[10] Miles S, Paddison R. Introduction: The Rise and Rise of Culture-led Urban Regeneration [J]. Urban Studies, 2005, 42 (6): 833-839.

[11] 阳建强，吴明伟．现代城市更新 [M]. 东南大学出版社，1999.

[12] 李艳玲．美国城市更新运动与内城改造 [M]. 上海大学出版社，2004.

[13] 李建波，张京祥．中西方城市更新演化比较研究 [J]. 城市问题，2003 (5): 68-71.

[14] 程大林，张京祥．城市更新：超越物质规划的行动与思考 [J]. 城市规划，2004，28 (2): 70-73.

[15] 阳建强．中国城市更新的现况、特征及趋向 [J]. 城市规划，2000，24 (4): 53-55.

[16] 方可．西方城市更新的发展历程及其启示 [J]. 城市规划学刊，1998 (1): 59-61.

[17] 李杨．城市更新背景下的工业遗产保护与开发问题研究 [D]. 西北大学，2010.

[18] 张京祥，胡毅．基于社会空间正义的转型期中国城市更新批判［J］．规划师，2012，28（12）：5-9.

[19] 严若谷，周素红，闫小培．城市更新之研究［J］．地理科学进展，2011，30（8）：947-955.

[20] 翟斌庆，伍美琴．城市更新理念与中国城市现实［J］．城市规划学刊，2009（2）：75-82.

[21] 董玛力，陈田，王丽艳．西方城市更新发展历程和政策演变［J］．人文地理，2009（5）：42-46.

[22] 于涛方，彭震，方澜．从城市地理学角度论国外城市更新历程［J］．人文地理，2001，16（3）：41-43.

[23] 张更立．走向三方合作的伙伴关系：西方城市更新政策的演变及其对中国的启示［J］．城市发展研究，2004，11（4）：26-32.

[24] 黄鹤．文化政策主导下的城市更新——西方城市运用文化资源促进城市发展的相关经验和启示［J］．国际城市规划，2006，21（1）：34-39.

[25] 易晓峰．从地产导向到文化导向——1980 年代以来的英国城市更新方法［J］．城市规划，2009，v. 33；No. 258（6）：66-72.

[26] 阳建强．现代城市更新运动趋向［J］．城市规划，1995（4）：27-29.

[27] 吴志强，王学锋，王富海，等．城市更新规划与城市规划更新［J］．城市规划，2011，v. 35；No. 280（2）：45-48.

[28] 张汉，宋林飞．英美城市更新之国内学者研究综述［J］．城市问题，2008（2）：78-83.

[29] 陈则明．城市更新理念的演变和我国城市更新的需求

[J]. 城市问题，2000（1）：11-13.

[30] 刘昕. 深圳城市更新中的政府角色与作为——从利益共享走向责任共担［J］. 国际城市规划，2011，26（1）：41-45.

[31] 何深静，刘玉亭. 房地产开发导向的城市更新——我国现行城市再发展的认识和思考［J］. 人文地理，2008，23（4）：6-11.

[32] 袁奇峰，钱天乐，郭炎. 重建“社会资本”推动城市更新——联滘地区“三旧”改造中协商型发展联盟的构建［J］. 城市规划，2015，39（9）：64-73.

[33] 王如渊. 西方国家城市更新研究综述［J］. 西华师范大学学报（哲学社会科学版），2004（2）：1-6.

[34] 周晓娟. 西方国家城市更新与开放空间设计［J］. 现代城市研究，2001（1）：62-64.

[35] 杨震. 城市设计与城市更新：英国经验及其对中国的镜鉴［J］. 城市规划学刊，2016（1）.

[36] 邹兵. 存量发展模式的实践、成效与挑战——深圳城市更新实施的评估及延伸思考［J］. 城市规划，2017，41（1）：89-94.

[37] 杨勇翔. 城市更新与保护［J］. 现代城市研究，2002，17（3）：5-9.

[38] 方可. 欧美城市更新的发展与演变［J］. 城市问题，1997（5）：50-53.

[39] 任绍斌. 城市更新中的利益冲突与规划协调［J］. 现代城市研究，2011，26（1）：12-16.

[40] 蔡绍洪，徐和平. 欧美国家在城市更新与重建过程中的经验与教训［J］. 城市发展研究，2007，14（3）：26-31.

[41] 王兰，刘刚 .20 世纪下半叶美国城市更新中的角色关系变迁 [J]. 国际城市规划，2007，22（4）：21-26.

[42] 郭湘闽，刘漪，魏立华 . 从公共管理学前沿看城市更新的规划机制变革 [J]. 城市规划，2007，No. 233（5）：32-39.

[43] 刘昕 . 城市更新单元制度探索与实践——以深圳特色的城市更新年度计划编制为例 [J]. 规划师，2010，26（11）：66-69.

[44] 董奇，戴晓玲 . 英国“文化引导”型城市更新政策的实践和反思 [J]. 城市规划，2007，31（4）：59-64.